세상에 대하여
우리가
더 잘 알아야 할
교양

77

지은이 소개

지은이 **송영조**

부경대학교, 부산대학교 경제학과에서 학생들을 가르치고 있습니다. 청소년들에게 한국경제의 변천을 정확하게 알려주고픈 마음으로 세더잘 77 《한강의 기적, 다시 올까?》를 썼습니다.

세 상에 대하여 우리가 더잘 알아야 할 교양

송영조 지음

77

한강의 기적

다시 올까?

내인생의책

차례

※ 본문의 **굵은 글씨**로 표시된 단어는 146페이지 용어 설명에서 찾아보세요.

들어가며

한강의 기적이란 한국전쟁 이후 1997년 금융위기까지 급격하게 성장한 한국경제를 가리키는 단어입니다. 제2차 세계대전에서 패배했던 독일이 전후 단기간에 유럽의 지배적인 경제 강국으로 재도약한 역사적 사실을 라인강의 기적이라고 부르지요. 이에 필적할 만한 한국경제의 놀라운 성공을 한강의 기적이라고 합니다. 여러분은 우리나라의 경제개발이 시작된 1960년대와 중화학공업화에 본격적으로 착수한 1970년대를 경험하지 못했기 때문에, 한강의 기적이 얼마나 대단한가를 실감하기 어려울 겁니다. 국제적으로 국가 간 소득 수준을 나타내는 지표로 많이 활용되는 **GDP**를 보면, 1960년 156달러에 불과했던 1인당 GDP

■ 독일의 라인강(왼쪽)과 대한민국의 한강(오른쪽)

가 1980년에 1,674달러를 기록합니다. 심지어 외환위기를 겪은 뒤에도 계속
증가하여 2000년엔 10,890달러에 달합니다. 현재 한국은행은 2018년 1인당
GDP가 3만 달러를 넘어선 것으로 추정합니다.

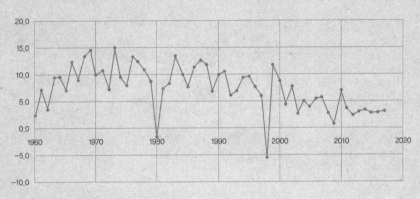

▌ 한국의 실질GDP성장률 ©국가통계포털

　경제성장률에서도 한강의 기적이 뚜렷하게 확인됩니다. 경제개발계획을
시작한 1962년부터 외환위기가 발생한 1997년까지 한국의 연평균 실질GDP
성장률이 9퍼센트를 넘습니다. 당시에 고도성장으로 유명했던 일본의 연평
균 실질GDP성장률이 5.3퍼센트였고, 1971년부터 1997년 사이 독일이 2.4퍼
센트였던 점을 고려하면 한국의 경제성장이 얼마나 가팔랐는지를 짐작할 수
있습니다.
　라인강의 기적보다 한강의 기적이 더 대단하다고 말하고 싶습니다. 독일
은 제2차 세계대전 이전에 이미 산업화를 이룩했기 때문에, 발전된 국가가
다시 경제 강국으로 복귀한 것입니다. 독일은 전쟁 이전에도 자동차와 비행
기를 만들 정도로 이미 기술적으로 앞선 국가였지요.

그렇지만 한국은 독일과 달리 산업화 경험이 없던 후발 자본주의 국가였습니다. 당시 한국의 기술 수준이 어느 정도였는가를 보여주는 단적인 일화가 있습니다. 고려대학교 경영학과 김인수 교수에 따르면 1945년 일본이 패망하면서 조그만 강철 배를 만들다가 철수했는데, 이를 어떻게 처리할지 몰라 10여 년 동안 그대로 방치했을 정도로 한국의 기술 수준은 형편없었습니다. 이런 나라가 전쟁의 피해를 이겨내고, 주요국 대열에 합류한 것이지요. 세계적으로 5천만 정도의 인구를 가진 국가 가운데 이만큼 반등한 나라는 한국이 거의 유일한 것으로 평가됩니다. 이런 이유로 지금도 한국의 경제성장을 가능하게 한 요인이 무엇이었는가를 찾아내어, 자국의 경제발전에 활용하려는 국제적인 노력이 많습니다.

한국의 경제성장이 국제사회에서 대단하게 평가되고, 부러움의 대상이라는 이야기를 들으면 여러분은 자부심과 함께 다소 이상하다는 느낌 역시 가질 것입니다. 우리나라의 현실을 소위 '헬조선'으로 표현하면서 한국을 떠나고 싶다는 말을 인터넷에서 많이 접하기 때문이지요. 이런 측면에서 이 책이 다루는 내용이 여러분이 처한 현실과 다르다고 느낄 수도 있고, 그렇지 않을 수도 있겠습니다. 하지만 한강의 기적은 분명 국제적으로 인정되는 역사적 사실입니다.

이 책은 크게 4개의 장으로 구성되어, 한국의 경제성장 과정과 새로운 도약을 위한 과제를 이야기합니다. 한국에서 경제적 도약이 두 번 발생했다는 관점을 취하였으며, 세 번째 도약이 필요하다는 견해에 따라 이 책을 서술하였습니다.

이를 위해 1장에서 경제성장을 가능하게 한 요인이 무엇이었는가에 관한 견해를 제시합니다. 1장을 읽고 나면 왜 어떤 나라는 경제적으로 발전하고 어떤 나라는 발전하지 못하는가에 관한 대략적인 상을 가질 수 있으리라 기대합니다.

2장은 1장에서 제시된 견해를 바탕으로 첫 번째 도약기인 박정희 정권의 경제개발계획과 중화학공업화 과정을 다룹니다. 박정희 정권의 경제개발계획이 장면 정권의 원안을 그대로 실행한 것에 불과하다고 말하는 사람들이 종종 있는데, 2장을 통해 그러한 주장의 오류를 극복하려 합니다. 아울러 여러분은 박정희 정권의 경제성장을 성공으로 이끈 수출주도 산업화전략이 어떤 맥락에서 출현했는가를 이해할 수 있을 것입니다.

▍ 수출입의 주요한 통로였던 부산항

3장은 한국 주력산업의 성공이라는 두 번째 도약을 다룹니다. 한국의 주력산업은 이미 세계적 수준에 도달했습니다. 이런 측면에서 첫 번째 도약이 **개발도상국**에서 **중진국**으로의 도약이었다면, 두 번째 도약은 중진국에서 주요국으로의 도약을 의미합니다.

4장은 이 책의 결론으로, 세 번째 도약을 위한 과제를 다룹니다. 오늘날 한국은 중국의 도전이나 주요국과의 경쟁에서 승리해야 하는 과제에 직면했습니다. 만약 이 과제를 성공적으로 수행한다면 우리나라는 새로운 도약을 할 수 있을 것입니다.

마지막으로 저자의 독자적인 연구가 아니라 광범위하게 존재하는 기존 연구를 바탕으로 이 책을 작성하였음을 밝힙니다. 많은 연구자가 수행한 분석을 기반으로 집필하였으나, 청소년을 대상으로 한 교양서적의 특성상 참고한 대다수 문헌의 출처를 본문에서 생략하고, 마지막 참고 자료 부분에 기재하였습니다. 이 책에서 기술된 내용을 더 자세히 공부하려면 참고 자료를 찾아주세요. 그럼에도 이 책의 기본 골격을 갖추는 데 막대하게 기여한 연구자라면 그 이름을 본문에 기술하였음을 밝힙니다.

1장 왜 어떤 나라는 경제성장을 하고, 어떤 나라는 성장하지 못하는가?

왜 어떤 나라는 잘살고 어떤 나라는 못사는 걸까요? 왜 한국처럼 가장 못사는 국가에서 주요국에 거의 진입한 나라가 있는가 하면, 여전히 개발도상국을 벗어나지 못하는 나라가 있는 걸까요?

개발도상국에서 벗어나고자 경제발전을 시도한 나라는 역사적으로 많았습니다. 그렇지만 한국, 대만처럼 매우 예외적인 경우를 제외하면 개발도상국 대부분은 수십 년 전에도 개발도상국이었고, 지금도 여전히 개발도상국입니다. 예컨대 브라질은 2000년 가격 기준으로 1인당 GDP가 1980년 3,255달러였는데, 2000년에도 여전히 3,538달러에 머물렀습니다. 반면, 한국은 이 기간에 실질소득이 거의 3배나 증가했습니다.

워싱턴 컨센서스

이러한 차이는 어디에서 비롯되는 걸까요? 이와 관련하여 1989년 윌리엄슨(Williamson, J.)이라는 미국의 경제학자가 10개로 정리된 연구결과를 제출합니다. 윌리엄슨은 이를 워싱턴 컨센서스(Washington Consensus)라고 이름 붙였습니다. 워싱턴 컨센서스라고 부른 이유는 개인의 견해가 아니라 유명한 경제학자들과 미국 워싱턴에 있는 국제경제기구 및 정치인들 사이에 존재하던 광범위한 합의를 바탕으로 만들었음을 밝히기 위해서입니다.

워싱턴 컨센서스는 1960~1970년대의 한국·대만과 같은 동아시아 국가들의 경제적 성공에 주목합니다. 대외지향 수출주도공업화가 대내지향 수입대체공업화보다 우월한 전략이었다고 결론을 내리지요. 대외지향이란 말은 해외를 목표로 한다는 뜻이고, 대내지향이란 국내를 목표로 한다는 의미입니다. 수출주도공업화는 수출을 중심으로 공업화를 한다는 뜻이에요. 즉 한국처럼 자국 시장이 아니라 해외시장을 겨냥해서 상품을 만들어 파는 방향으로 산업화를 추진한다는 것입니다.

반대로 수입대체공업화는 수입에 의존하던 상품을 자국 상품으로 국산화하여 국내시장을 중심으로 산업화를 달성하려는 것을 말합니다. 국내산업 중심의 경제구조를 만들기 위해 외국기업이 국내시장에 진입하지 못하도록 철저하게 보호하는 공업화전략입니다.

워싱턴 컨센서스에 따르면 국내시장 보호를 목표로 만들어진 폐쇄 경제를 대외지향 개방경제로 전환하면 개발도상국의 경제가 발전할 거라고 합니다. 이런 이유로 자국 시장을 해외에 개방하고, 무역과 금융을 자유화할 것을 권유합니다. 무역자유화는 많이 들어봤지만, 금융자유화가 경제발전의 조건에 왜 끼어드는지 조금 의문이 들 수도 있습니다.

금융자유화란 쉽게 말하면 달러가 들어오고 나가는 것을 자유롭게 한다는 것을 의미합니다. 국가 간에 돈이 오가는 것을 자유롭게 하면, 해외로부터 달러가 국내시장에 유입되기 때문에 경제발전에 필요한 자금을 쉽게 마련할 수 있다는 주장이지요. 이 논리에 따라 남미의 많은 개발도상국이 워싱턴 컨센서스의 처방을 받아들입니다. 그렇지만 이 실험은 아무런 성과 없이 실패로 끝납니다.

　워싱턴 컨센서스를 채택한 대부분의 남미 국가들은 왜 경제발전에 실패한 걸까요? 혹시 워싱턴 컨센서스에서 주장하는 처방이 잘못된 것이었을까요? 이에 관해 워싱턴 컨센서스를 옹호하는 학자들은 개발도상국들에 민주주의가 제대로 정착하지 못하여 경제적 이권을 둘러싼 부정·부패가 만연한 것이 결정적 이유라고 설명합니다.

▋ 아르헨티나 정부의 경제 정책에 반대하는 부에노스아이레스 시민들

　워싱턴 컨센서스의 처방은 옳은데, 후발 자본주의 국가들의 경우 의회와 정당정치, 개인 재산에 대한 권리 보호와 같은 서구식 민주주의 제도가 정착되지 못하여 기업 활동이 제대로 수행될 수 없었다는 것입니다. 이런 이유로 워싱턴 컨센서스의 처방이 제대로 작동할 수 없었다는 것이지요.

　그런데 이러한 주장은 워싱턴 컨센서스가 성공적 모델로 제시한 한국·대만의 역사적 경험과 전혀 맞지 않는다는 즉각적인 반론에 부딪힙니다. 한국의 본격적인 경제개발을 시작한 박정희 정권은 분명 민주주의를 탄압한 독재정권이었습니다. 박정희 정권은 경제발전을 성공적으로 이끌었지만, 의견이 다른 반대자들을 무자비하게 탄압했습니다. 심지어 수출목표를 달성하지 못한 기업가들을 온갖 방법을 동원하여 괴롭혔기 때문에 **사유재산**에 대한 보호 역시 철저하게 이루어졌다고 말하기도 어렵습니다.

더욱이 기업이 은행 이외의 업체에서 높은 이자를 주고 빌린 돈 때문에 어려움에 직면하자 돈을 갚아야 할 의무를 일시 정지시키고, 개인들 간 계약으로 체결된 이자율을 강제로 낮추기까지 합니다. 이는 민주주의 국가에서 상상하기 어려운 일입니다. 말하자면 한국은 경제성장을 한 다음 민주주의를 채택한 것이지, 민주주의를 먼저 정착시킨 뒤에 경제발전을 한 것이 아니라는 것이지요. 이는 대만도 마찬가지입니다.

세계적 수준의 경제학자들이 이런 기초적인 사실관계도 모른다는 점을 이상하게 생각할 수도 있겠습니다. 사실 외국 학자들은 한국을 잘 모릅니다. 박정희 정권이 수출지향공업화를 한 것은 맞지만, 국내시장을 외국에 전면적으로 개방한 것도 아닙니다. 우리나라의 독재정권은 철저하게 국내시장을 보호하면서 주요국에 맞설 경쟁력을 갖추거나 그에 상당한 정도의 기술능력이 올라선 뒤에 선별적으로 시장을 개방했습니다.

말하자면 워싱턴 컨센서스와 관련된 논의는 한국이 경험한 경제발전과 상당 부분 맞지 않는 이야기입니다. 결과적으로 후발 자본주의 국가를 발전시키기 위해 시장개방 및 무역과 금융의 자유화 등이 필요하다는 주요국의 처방은 아무런 설득력을 얻지 못했습니다.

선진국으로 도약할 수 있는 기회의 창

그렇다면 후발 자본주의 국가들 사이에 경제발전의 차이를 초래한 요인은 도대체 무엇일까요? 후발 자본주의 국가의 경제적 성공과 실패를 추적한 서울대학교 경제학부 이근 교수의 설명에 따르면, 역사적으로 후발 자본주의 국가가 주요국으로 도약할 기회가 여러 번 존재했었다고 합니다. 그런 기회가 앞으로도 계속 생길 것이며, 이를 '기회의 창'이라고 합니다. 한국처럼 기회의 창을 잘 살려서 주요국으로 도약한 국가도 있고, 그렇지 않은 국가도 존재한다는 것이지요.

기회의 창 1: 기술패러다임의 변화

그럼 언제 기회의 창이 열릴까요? 이근 교수에 따르면 기회의 창은 우선 **기술패러다임**이 변할 때 열립니다. 기술패러다임의 변화란, 기존 기술과 성격이 전혀 다른 새로운 기술이 지배적인 기술로 등장한다는 것입니다.

자동차를 예로 들어 보겠습니다. 자동차는 아무나 만들 수 있는 게 아닙니다. 누구나 만들 수는 있지만 폭스바겐, 토요타, 현대기아차와 같은 선진메이커에 비해 성능이 형편없으므로 아무도 사지 않습니다.

그럼 왜 선진메이커와 성능 차이가 날까요? 이유는 단순합니다. 좋은 자동차를 만드는 데 고도의 기술이 필요하기 때문입니다. 고도의 기술이란 책을 열심히 읽어서 배울 수 있는 것이 아니라, 자동차와 관련된 책을 열심히 읽고 오랜 기간 자동차를 직접 만드는 시행착오를 반복한 후에야 축적됩니다. 이처럼 책을 통해 단박에 배울 수 있는 것이 아니라 오랜 시행착오 끝에 익히는 기술을 암묵성이 높은 기술이라고 부릅니다.

이런 측면에서 다른 기업들도 현재 선진메이커가 생산하는 자동차를 만들 수 있습니다. 단지 만드는 데 엄청난 노력과 시간이 필요하다는 것이지요. 문제는 엄청난 돈과 시간을 투여하여 과거 선진메이커가 생산하던 자동차를 만들 실력이 되면, 선진메이커는 그보다 훨씬 뛰어난 성능의 자동차를 생산하고 있다는 것입니다. 그 사이에 선진메이커들 역시 더 나은 기술을 개발하고 있을 것이기 때문이지요. 그러면 기술의 차이가 계속 유지되어 결국 선진메이커를 따라잡을 수 없습니다.

❚ 라인강의 기적을 상징하는 폭스바겐 비틀. 사진은 100만 번째 차량임을 기념하기 위해 보석이 붙어 있는 차량이다. 1955년 제작되었다.

이처럼 지금까지 폭스바겐, 토요타, 현대기아차와 같은 선진메이커가 생산하던 자동차를 기술패러다임의 측면에서 내연기관 자동차라고 합니다. 내연기관 자동차란 쉽게 말해 엔진이 장착된 자동차입니다. 휘발유와 산소를 엔진 내부에 주입한 뒤 휘발유를 연소시켜, 그때 발생하는 힘으로 움직이는 자동차를 말합니다. 내연기관 엔진과 관련 부품을 만드는 데 엄청난 기술이 필요했기 때문에, 아무나 쉽게 자동차 시장에 진입하지 못했던 것이지요.

그런데 지구온난화라는 예상치 못한 사건이 발생합니다. 지구온난화가 심각해짐에 따라 2015년 파리기후변화협약에서 전 세계 195개 나라가 지구 평균 온도 상승 폭을 낮추기로 합의한 것이지요. 여기서 내연기관 자동차가 환경규제의 중요한 타깃이 됩니다. 내연기관 자동차가 발전소 다음으로 많은 온실가스를 배출하기 때문입니다.

▌ 우리나라의 전기차 충전소

온실가스를 배출할 수밖에 없는 내연기관 자동차는 이런 상황 때문에 장기적으로 사라져야만 하는 형편입니다. 주요 선진메이커들은 내연기관 자동차에서 벗어나 배출가스가 전혀 없는 소위 '전기자동차'를 개발해야만 하는 상황에 놓입니다. 이를 두고 내연기관 자동차에서 전기자동차로 기술패러다임이 바뀌고 있다고 합니다.

기술패러다임이 바뀌면 과거에 축적해 놓은 기술의 의미가 퇴색됩니다. 내연기관 자동차는 엔진과 관련 부품에 매우 높은 기술을 요구하는데, 전기자동차는 이런 부품이 필요 없기 때문입니다. 전기자동차는 엔진 대신에 배터리나 연료전지를 장착하고, 전기모터를 구동하여 움직입니다. 자동차가 움직이는 방식이 전혀 다르지요. 게다가 배터리나 모터를 굳이 전기자동차 회사가 직접 생산할 필요도 없습니다. 배터리는 화학회사에서 납품을 받고, 모터는 전자회사에서 가져오면 됩니다. 실제로 GM의 배터리 전기차 볼트의 경우 매우 많은 핵심 부품을 국내 회사가 공급합니다.

내연기관 자동차에서 폭스바겐, 토요타, 현대기아차는 매우 강력한 기술을 보유한 메이커지만, 전기자동차 시장에서 이들 내연기관 메이커는 자동차산업에 이제 막 진출한 신생기업과 기술력의 측면에서 큰 차이가 없습니다. 그러다 보니 기존 내연기관 강자와 대등한 경쟁이 가능합니다. 때로는 내연기관 강자를 넘어서기까지 합니다.

실제로 2018년 현재 세계 전기자동차 시장에서 최고 강자는 폭스바겐, 토요타, 현대기아차와 같은 전통적인 자동차 업체가 아니라 테슬라와 같은 신규진입자이며, 다이슨처럼 청소기를 만들던 기업 역시 시장에 뛰어들었을 정도로 진입장벽이 낮습니다. 자동차 후발 국가인 중국만 하더라도 BYD 같은 중국 토종 메이커가 전기자동차 시장에서 폭스바겐, 토요타, GM과 같은 전통적인 자동차 업체보다 우위에 있습니다. 내연기관 자동차 시장이라면 불가능했던 일들이 전기자동차 시장에서 벌어지는 것이지요. 이제 여러분은 왜 기술패러다임의 변화가 기회의 창이 되는지 이해했을 겁니다.

▌ 기술패러다임의 변화를 틈타 급성장한 전기자동차 회사 테슬라

기회의 창 2: 경제불황

이근 교수에 따르면 두 번째 기회의 창은 경제불황입니다. 경제불황은 경제 상황이 나쁘다는 뜻인데, 이것이 어떤 원리로 후발 국가에 기회의 창을 만들어 줄까요? 경제가 좋지 않으면 잘나가던 회사도 어려움에 직면합니다. 영원히 잘나갈 것 같던 선진기업도 경제불황기에는 종종 시장에서 퇴출당합니다. 잘나가던 선진기업이 퇴출당할 위기에 직면하면, 그 기업은 자기가 차지했던 시장을 지킬 능력을 상실할 뿐만 아니라 기업 가치 역시 떨어집니다.

사느냐 죽느냐의 상황에 직면한 기업이 시장의 변화에 능동적으로 대처하기란 어렵습니다. 시장 상황에 즉각적으로 대처할 수 있는 능력이 떨어지면 기업의 상황은 더 어려워집니다. 이런 식으로 악순환이 반복됩니다.

그러다 보니 새로운 진입자가 낮은 가격에 기존 기업이나 기술을 인수할 수 있는 상황이 만들어지기까지 합니다. 경기가 좋을 때 만약 다른 나라 기업이 해당 기업을 인수하려고 하면, 해당 국가의 국민들이 반대할 가능성이 큽니다. 그렇지만 불황이 와서 그 기업이 무너지면 불황에 일자리까지 없어집니다. 당연히 해당 국가는 다른 나라 기업이 인수하더라도 국내 일자리만 지켜낼 수 있다면 다행이라고 생각할 겁니다. 그래서 경제가 호황일 때는 꿈도 못 꾸던 후발 국가의 신규진입자가 불황기에 이르면 선진메이커를 인수하여 기술과 시장을 획득할 기회를 얻습니다.

▎ 스웨덴의 볼보자동차를 인수하여 급성장한 중국의 지리자동차

중국이 1997년 외환위기 때 우리나라의 쌍용자동차를 인수하고, 스웨덴의 볼보자동차를 인수하여 기술적 도약을 시도한 것이 대표적인 사례입니다. 2008년 글로벌 금융위기로 미국의 선진자동차메이커가 어려움을 겪을 때, 공격적 투자로 단숨에 현대기아차가 세계시장의 강자로 떠오른 사례 역시 마찬가지이며, 삼성이 경제적 어려움에 부닥친 미국 기업에 돈을 주고 D램을 개발하기 위한 기술을 도입할 수 있었던 것도 이런 사례에 해당합니다.

경제발전 성공에 필요한 요인 1: 외환확보능력

자본주의 역사에서 두 가지 기회의 창은 자주 존재했습니다. 기술패러다임의 변화는 굳이 자동차 시장이 아니더라도 아날로그 TV에서 디지털 TV로의 전환처럼 전자산업에서 흔하게 일어났습니다. 불황은 두말할 나위가 없습니다. 가까이는 2008년 세계 금융위기가 있었고, 우리나라의 경우 1997년 경제위기가 있었습니다.

그럼 이와 같은 기회의 창이 주어질 때, 왜 어떤 국가는 성공하고 어떤 국가는 그렇지 못한 걸까요? 이근 교수에 따르면 기회의 창에 직면할 때, 개발도상국 간 경제발전의 차이를 만들어 내는 근본 원인은 외환확보능력과 혁신역량의 차이라고 합니다.

우선 외환확보능력이란 말 그대로 달러를 마련할 수 있는 능력을 말합니다. 왜 갑자기 달러가 등장하느냐고 의문을 가질 수 있는데, 달러를 확보하는 능력이 중요한 이유는 개발도상국의 경우 상품을 만드는 데 필요한 기계·장비·소재 등을 지칭하는 **자본재**를 스스로 만들 능력이 없기 때문입니다. 이런 이유로 개발도상국은 주요 자본재를 스스로 만들 수 있는 기술축적이 이루어지기 전까지 생산에 필요한 자본재를 주요국으로부터 계속 수입해야 합니다.

문제는 자본재를 계속 수입하려면 돈이 필요한데, 한국 돈을 주고 물건을 살 수 없다는 것입니다. 한국 돈은 국제적으로 사용될 만큼 권위 있는 화폐가 아니기 때문입니다. 그래서 국제 화폐로 널리 사용되는 달러가 필요합니다. 달러를 제대로 확보하지 못하면 자본재를 수입할 수 없고, 자본재를 수입하지 못하면 돈을 많이 벌 수 있는 고부가가치산업으로 경제를 전환하는 과정을 추진할 수 없습니다.

자본재를 계속 수입할 수 있어야 경제발전을 지속할 수 있다는 것이 무슨 말이냐고요? 최근 중국과 미국이 벌이는 무역전쟁을 보면 이 말이 무엇인지 바로 알 수 있습니다.

▍ 미·중 무역전쟁은 서로에게 관세를 높이는 경제 전쟁이다.

중국은 미국에 이어 세계 두 번째 경제 대국으로 떠오른 나라이지만, 미국보다 기술능력이 취약합니다. 한국처럼 중국의 산업화 역시 특별한 기술이 없더라도 노동력만 충분히 공급되면 생산이 가능한 노동집약적 산업에서 출발했기 때문입니다. 주요국도 마찬가지지만 초기에 한국이나 대만의 기업들이 중국에 진출한 것은 중국의 임금이 자국보다 상대적으로 저렴했기 때문입니다. 국내 임금이 상승하여 더는 자국에서 생산할 수 없을 정도로 경쟁력이 떨어지는 소위 **사양산업**이 중국에 진출한 것이지요.

그렇지만 산업화가 진행되면서 중국의 임금 역시 자연스럽게 상승합니다. 그러면 저임금 때문에 중국에 진출한 해외 국적의 노동집약적 산업은 중국을 떠날 수밖에 없습니다. 이를 두고 흔히 다국적기업의 생산기지 변경이라고 말합니다. 최근에는 중국보다 임금이 낮은 베트남이 새로운 생산기지로 떠올랐습니다.

임금이 인상되면서 중국은 더는 저임금에 바탕을 둔 산업을 유지할 수 없습니다. 계속해서 고용이 창출되고 성장이 이루어지려면 상승한 임금을 충분히 견뎌낼 수 있는 산업으로 중국의 산업구조가 변해야 합니다. 이를 산업구조고도화라고 하는데, 노동집약적 산업에서 기술집약적 산업으로 산업의 중심이 점차 변해야만 합니다. 이를 위해 중국은 2015년 '중국제조2025'라는 장기 프로젝트를 통해 제조업 기술경쟁력을 획기적으로 끌어올리겠다는 정책을 제시한 바 있습니다. 첨단산업을 육성하여 돈을 많이 벌 수 있는 고부가가치 산업으로 중국 산업구조를 바꾸겠다는 것이지요.

그런데 갑자기 미국이 '중국제조2025'를 포기하라고 중국에 압력을 가하면서, 미국과 중국 사이에 무역전쟁이 발생합니다. 중국이 제조업 기술경쟁력을 끌어올린다는 목표하에 미국 기술을 불법적으로 훔쳐 간다고 주장하면서 말입니다. 물론 중국은 미국이 터무니없는 억지를 부린다면서 맞섰습니다. '중국제조2025'를 포기하라는 요구 역시 내정간섭이라고 강력하게 비판했지요.

그러자 미국은 반도체를 생산하려던 중국기업에 대해 반도체 제조 장비 판매를 금지하는 것으로 대응합니다. 미국이 이렇게 할 수 있는 것은 반도체를 만들 수 있는 장비를 생산할 수 있는 능력을 보유한 주요 기업이 미국 기업이기 때문에 가능한 것이지요. 반도체를 만들 수 있는 기계장비를 구매할 수 없게 되면서, 현재 중국 반도체산업은 엄청난 타격을 받았습니다. 미국 장비를 대체할 장비를 구하는 데 엄청난 시간이 필요하기 때문이지요.

중국이 돈을 많이 벌어 소득을 높이기 위해서는 노동집약적 산업에서 반도체산업과 같은 첨단산업이 중심이 되는 사회로 나아가야 합니다. 그런데 반도체를 설계할 수 있는 기술능력을 갖추기도 쉽지 않지만, 반도체를 만들 수 있는 제조 장비를 만드는 데 필요한 기술능력을 동시에 획득하는 것은 더욱 어려운 일입니다. 엄청난 정밀도를 자랑하는 제조 장비의 특성상 오랜 숙련이 쌓이지 않으면 만들 수 없기 때문입니다.

반도체 생산능력 또한 반도체를 만들어가는 과정에서 관련 기술이 축적될 수 있는데, 반도체를 제조할 장비를 구할 수 없다면, 반도체를 만들 기회조차 가질 수 없습니다. 만약 이 상황이 이어질 경우, 조금 과장해서 말하면 중국 정부의 반도체산업 육성은 사실상 끝났다고 볼 수 있을 정도로 암울한 상황입니다.

주요장비를 해외에 의존하는 상황은 한국의 반도체산업 역시 마찬가지입니다. 최근 삼성전자는 반도체를 설계·판매만 하고 만들지 않는 기업을 지칭하는 팹리스(Fabless) 회사로부터 설계도를 받아와서 제품을 만들어 주는 **파운드리**(foundry, 수탁가공사업) 사업을 본격 추진하는 상황인데, 7나노(1나노 =10억 분의 1미터) 이하까지 생산할 수 있는 능력을 이미 갖췄습니다. 이는 세계에서 대만의 TSMC라는 기업만이 보유한 세계 최고 기술입니다. 이를 바탕으로 삼성전자는 퀄컴, 엔비디아, AMD 등과 같은 세계적 팹리스 기업으로부터 생산물량을 확보하려 하고 있습니다.

▌ 대만의 TSMC는 세계적인 반도체 기술을 지닌 기업이다.

그런데 여기에 사용되는 핵심장비 EUV는 네덜란드에서 1대당 거의 1,500억 원을 주고 사 오고 있습니다. 만약 EUV 장비를 삼성전자가 구매할 수 없었다면 삼성전자의 파운드리 사업은 난관에 부딪혔을 가능성이 큽니다. 여러분은 삼성전자가 반도체를 생산하면 여기에 필요한 핵심장비를 직접 만들리라고 생각할 수 있는데, 제조 장비를 전문적으로 만드는 업체가 항상 따로 있습니다.

물론 제조 장비를 만들 수 있다고 해서 반도체 생산을 잘하는 것은 아닙니다. 제조 장비 업체가 반도체 생산도 잘할 수 있으면 틀림없이 반도체산업에 진입하겠지만, 생산능력은 또 다른 문제입니다. 장비를 이용하여 생산 공정을 잘 설계해야 낮은 가격에 다량의 반도체를 안정적으로 생산할 수 있는데, 이와 같은 능력을 공정설계능력이라고 합니다. 이런 측면에서 삼성전자가 파운드리 사업에서 보유한 기술은 제품을 낮은 가격에 대량생산할 수 있는 공정설계능력이지요.

경제발전을 꾸준히 수행하기 위해 왜 달러가 필요한지 이제 대략 이해하셨으리라 여겨집니다. 수출지향공업화가 중요한 이유는 자본재 수입에 필요한 달러를 확보하기 위해서입니다. 후발 자본주의 국가가 달러를 안정적으로 확보하려면 해외에 물건을 팔고, 그 대가로 달러를 받는 방법이 수월하니까요.

2장에서 다룰 내용이지만 우리나라는 경제개발과정에서 자본재 대부분을 일본에서 수입합니다. 이로 인해 대일무역적자가 눈덩이처럼 커지는 문제가 발생합니다. 한국무역협회와 관세청의 통계에 따르면 1965년부터 2018년까지 누적기준으로 약 708조 원에 이르는 어마어마한 대일무역적자가 발생했습니다. 수출을 많이 하면 할수록 일본에서 그만큼 자본재를 수입해야 했기 때문에 그에 비례해서 대일무역적자가 커졌던 것입니다. 굳이 산업을 업그레이드하지 않고 생산 규모를 유지하거나 확대만 하더라도 일본에서 자본재를 추가로 수입해야만 했습니다. 그래서 만약 달러를 제대로 확보하지 못하면 제품을 팔아서 돈을 벌 수 없는 상황이었습니다. 물론 뒤에 다시 설명하

겠지만 수출지향공업화는 달러 확보 외에도 혁신역량을 갖추는 데 매우 중
요한 역할을 합니다.

경제발전 성공에 필요한 요인 2: 혁신역량

혁신역량이란 말 그대로 혁신을 수행할 수 있는 능력을 말합니다. 과학
과 기술을 상업화하여 기업이 돈을 벌 수 있도록 만드는 능력을 의미하지요.
혁신을 최종적으로 담당하는 것은 기업이기 때문에, 혁신역량이란 곧 기업이
얼마만큼 혁신을 수행할 수 있는 능력을 보유했는가에 관한 질문입니다. 그
렇지만 기업이 혁신능력을 갖추는 데 국가의 정책이 중요한 역할을 담당하
므로, 국가의 정책 능력 역시 혁신역량을 구성하는 중요한 요소입니다.

국가의 정책 능력은 후발 자본주의 국가에서 특히 중요합니다. 일본이 만
들다가 버려두고 간 강철 배를 어떻게 처리할지 몰라 광복 이후 10년 동안이
나 방치했던 조선산업의 사례에서 알 수 있듯이, 후발 자본주의 국가에서 민
간기업의 혁신능력은 열악합니다. 이런 상황에서 후발국의 민간기업은 국가
의 정책적 도움이 없다면 다른 나라의 기업들과 경쟁할 수 없을 뿐만 아니라
혁신능력을 키워나가는 것 또한 어렵습니다.

혁신역량을 키우는 방법 1: 기술도입, 외자 유치, M&A, 자본재 수입

그렇다면 후발국의 기업은 어떤 과정을 통해 혁신능력을 키울까요? 첫 번
째는 기술도입, 외자 유치, 해외 인력확보, R&D 센터, M&A, 자본재 수입
등을 통해 기업이 현재 보유하지 않은 지식을 확보하는 방법입니다. 기술도
입이란 돈을 주고 일정 기간 기술을 사용할 권리를 획득하는 것입니다. 주

요국에서 이미 사용하지 않는 사양화된 기술일지라도 후발국은 이를 개발할 능력이 없는 경우가 많습니다. 이 경우 주요국은 해당 산업을 임금이 싼 해외로 넘기거나 혹은 관련 기술을 후발국에 알려주고 돈을 받습니다. 기술 기반이 전혀 없는 후발국 기업은 초기에 이런 방법을 통해 기술을 습득할 수 있습니다.

외자 유치란 외국인이 우리나라에 직접 공장을 세울 수 있도록 허가하는 것으로, 외국인 직접투자라고도 합니다. 여기서 말하는 외국기업은 당연히 우리나라보다 기술 수준이 높은 기업을 뜻하는데, 외국인이 기업을 만들더라도 일하는 사람들은 한국 사람이기 때문에 일을 하면서 자연스럽게 선진기술을 습득합니다. 만약 기술을 습득한 사람들이 다른 기업으로 이직하면 자연스럽게 다른 기업으로 기술이 널리 퍼지는 원리입니다. 그렇지만 대만과 달리 우리나라 산업화에서 외자 유치는 생각만큼 큰 역할을 하지 못합니다. 박정희 정권이 다국적기업의 국내 직접투자를 엄격하게 제한했기 때문입니다.

M&A는 기술을 보유한 기업을 돈을 주고 사는 것을 말합니다. 우리나라보다는 최근 중국의 산업화과정에서 두드러지게 나타나는 기술습득 전략입니다. 레노버의 IBM PC사업 부문 인수, 지리자동차의 볼보자동차 인수 등에서 볼 수 있는 것처럼 국내시장에서 벌어들인 막대한 돈과 정부 지원을 바탕으로 중국기업은 기술능력을 보유한 세계적 기업을 인수하여 단숨에 혁신능력을 키워나가는 전략을 사용합니다.

고려대학교 경영학과 김인수 교수에 따르면 다양한 방법 중 1981년까지 우리나라 기업에 가장 중요한 기술학습 경로는 자본재를 수입하는 것이었습니다. 자본재 수입은 금액 기준으로 외국인 직접투자보다 21배나 많았고,

기술도입보다 70배나 많았습니다.

여러분은 자본재 수입이 어떻게 기술을 학습할 수 있는 통로가 되는지 의아하게 여길 수 있을 겁니다. 기계 장비는 제품을 생산할 수 있는 중요한 도구이기도 하지만, 이를 운영하고 수리하는 과정에서 기계 장비의 작동 원리 또한 배울 수 있습니다. 물론 장비를 해체하면 장비가 만들어진 구조를 이해할 수 있지요.

▌ 분해, 이해, 재구축을 골자로 하는 역엔지니어링은 언뜻 연금술을 닮았다.

기계장비를 분해한 뒤 이를 똑같이 만드는 것을 역엔지니어링이라고 하는데, 즉 외국기술을 똑같이 모방하는 것입니다. 산업화 초기에 우리나라와 같은 후발국이 기술을 습득하는 가장 중요한 방법은 모방이었습니다. 모방을 통해 어느 정도의 기술능력을 확보하면 기업 스스로 최신 기술을 연구할 수 있는 R&D센터가 중요한 역할을 담당합니다.

혁신역량을 키우는 방법 2: 수출주도산업화

두 번째는 수출주도전략을 통해 해외의 앞선 기업과 경쟁하는 가운데 혁신역량을 높이는 것입니다. 앞서 수출주도산업화전략이 자본재 조달에 필요한 달러를 안정적으로 확보하는 데 기여했지만, 민간기업의 혁신역량을 높이는 데에도 중요한 역할을 한다고 말한 바 있습니다. 수출주도정책이 어떤 이유에서 우리나라 기업의 혁신능력을 높이는 것일까요?

수출한다는 것은 세계시장에서 자기보다 우월하거나 대등한 능력을 지닌 기업과 경쟁한다는 것을 뜻합니다. 자기보다 우월하거나 대등한 경쟁자와 싸워 이기려면 현실에 안주해선 안 됩니다. 국내시장을 목표로 생산할 경우 경쟁자들이 우리나라로 제한되지만, 해외시장을 겨냥할 경우 수많은 외국기업과 경쟁해야 하므로, 끊임없이 최신 기술을 개발해야 합니다. 그렇지 않으면 경쟁에서 낙오할 테니까요. 이런 점에서 박정희 정권의 수출주도산업화전략은 한국기업이 끊임없이 혁신하도록 강제하고 압박하는 수단이기도 했습니다.

박정희 정권은 수출기업에 시장 이자율보다 낮은 조건으로 대출을 제공하는 등 여러 가지 혜택을 주는 대신 수출물량을 할당하여 이를 달성하지 못한 기업에 대해서는 제재수단을 동원하여 압박했습니다. 물론 박정희 정권이 당시에 그렇게 할 수 있었던 것은 독재정권이었기 때문에 가능한 것이었습니다.

만약 수출기업에 혜택만 주고 수출실적에 관한 압박을 하지 않았다면 수출기업은 국가로부터 혜택만 받고 현실에 안주하여 기술개발을 게을리했을 가능성이 큽니다. 실제로 국내시장을 겨냥하여 산업화를 달성하려던 대부분 남미 국가들의 기업은 한국기업만큼 열심히 기술개발을 하지 않았습니다. 국가가 해외의 강한 경쟁자로부터 국내시장을 보호해주는 상황에서 굳이 많은 돈을 들여가며 열심히 기술을 개발할 필요가 없었기 때문입니다.

▌ 1964년 흥한화학 섬유주식회사 기공식에 참석한 박정희 ©서울사진아카이브

그렇지만 독재정권이 사라지고 민주화가 진행된 현재에도 우리나라의 기업들은 혁신능력을 키우기 위해 스스로 많이 노력하고 있습니다. 이는 현재 우리나라를 대표하는 철강·자동차·전기·전자·조선·화학 등과 같은 주력산업이 대부분 수출을 하지 않으면 살아남을 수 없는 기업들인 것과 관련됩니다. 이들 산업은 처음부터 해외시장을 목표로 규모를 키웠으므로, 수출하지 않으면 생존할 수 없게 되어 있습니다. 세계시장에서 경쟁해야 하므로 기술개발을 조금이라도 게을리하면 생존할 수 없지요. 우리 사회에서 세계적인 경쟁력을 갖추고 있는 주력산업 대부분이 수출과 관련된 것은 이런 이유 때문입니다.

혁신역량을 키우는 방법 3: 산업고도화를 위한 국가의 산업정책

세 번째는 현실에 안주하지 않고 돈을 많이 벌 수 있는 고부가가치산업으로 끊임없이 업그레이드하는 것입니다. 과거 기술능력이 빈약했던 초기 산업화 시절, 한국은 저렴한 임금을 바탕으로 노동집약적 산업에 전념할 수밖에 없었습니다. 만약 한국이 노동집약적 산업에 계속 머물렀다면 주요국으로의 진입은 불가능했을 겁니다. 노동집약적 산업에서 기술집약적 산업으로 끊임없이 변화해야 하고, 돈을 많이 벌 수 있는 새로운 산업이 출현하면 바로 진입할 수 있어야 합니다. 예컨대 오늘날 세계적 기업으로 성장한 삼성전자의 뿌리는 섬유와 설탕 등을 만들던 기업입니다. 만약 삼성이 국내 섬유 시장과 설탕 시장 등을 장악한 것에 만족하고, 전자산업으로 업그레이드하려고 시도하지 않았다면 오늘날 삼성전자와 같은 세계적인 기업은 탄생하지 않았을 것입니다.

그런데 산업구조를 고도화하기 위해서는 현재 단계를 넘어설 수 있는 전략산업을 설정하고, 이 분야에 기업이 투자할 수 있도록 정부가 여러 인센티브를 마련해야 합니다. 주요국의 선진메이커들은 스스로 이를 수행할 수 있을 만큼 규모가 크고, 이를 수행할 수 있는 돈과 인력을 보유했지만, 후발국의 기업은 선진메이커보다 역량이 취약하기 때문입니다. 물론 인센티브가 제대로 작동하는지 계속 점검해야겠지요. 인센티브만 주고 성과를 점검하지 않으면 기업은 정부로부터 특혜만 받으면서 현실에 안주할 공산이 높습니다. 이처럼 전략산업을 육성하기 위해 국가가 필요한 자원을 선택과 집중의 원리에 따라 지원하는 것을 산업정책이라고 합니다.

산업정책은 개인이 은행에서 돈을 빌릴 때 내는 이자율, 즉 실제 금리보다 낮은 금리로 매우 큰 금액을 장기간 빌려주는 형태로 주어지기도 하며, 국가가 보유한 달러를 전략산업에 투자하는 기업에 우선 제공하여 필요한 자본재를 구매할 수 있도록 보조하기도 합니다. 심지어 민간기업이 외국에서 달러를 빌려야 할 경우, 민간기업이 이를 갚지 못하면 정부가 대신 갚아주겠다고 보증하기도 합니다. 예컨대 박정희 정권은 중화학공업을 육성하기 위해 실제 시장에서 통용되는 금리보다 낮은 금리를 수출기업들에 제공합니다. 당시 물가가 가파르게 올라가던 상황을 고려하면 기업이 실제로 지는 이자 부담은 없다고 해도 무방했습니다.

물가가 올라가면 기업의 이자 부담이 낮아진다는 말을 간단히 설명하면 이렇습니다. 기업이 100원을 빌리는 데 이자율이 10퍼센트면 이자까지 포함하여 110원을 갚아야 합니다. 현재 기업이 생산한 제품 가격은 10원입니다. 물가가 그대로라고 가정하면 기업은 제품을 11개 팔아야 은행에서 빌린 돈과 이자를 갚을 수 있습니다. 그런데 물가가 10퍼센트 오르면 제품 1개 가격이 11원이 됩니다. 이제 기업은 제품 10개만 팔면 은행에서 빌린 돈과 이자를 모두 갚을 수 있습니다.

물론 은행이자율을 낮게 해주는 것 외에도 기업의 부담을 줄여주는 다른 수단이 있습니다. 공장을 짓는 데 필요한 토지나 관련 시설을 정부가 낮은 가격에 제공하기도 하며, 관련 자본재를 수입할 경우 세금을 면제하는 방법이 사용되기도 합니다. 또한 생산된 제품이 판매될 수 있도록 관련 제도를 정비하기도 합니다. 지금은 새로운 기술개발에 필요한 자금을 민간과 정부가 일부씩 부담하는 방법을 많이 사용합니다.

어떤 경우든 정부가 목표로 하는 전략산업에 기업이 투자하면 큰 혜택을 줍니다. 투자란 항상 위험이 따르기 마련인데, 큰 혜택을 주지 않으면 기업이 한 번도 해보지 않은 사업에 과감하게 투자하지 않으려 하기 때문입니다.

그런데 투자를 독려하기 위해 특정 기업에 자원을 집중하면, 그 기업의 규모가 자연스럽게 커집니다. 규모가 커진 기업은 정부가 추진하려는 차기 전략산업에 다시 참여할 가능성이 큽니다. 처음에는 그렇지 않았지만 정부 지원을 받은 덕택에 회사 규모가 커지면서 정부가 요구하는 사항을 이행할 수 있는 혁신능력이 향상되기 때문입니다. 이런 과정을 통해 소위 여러 기업을 거느린 대규모 기업집단인 '재벌'이 탄생합니다.

혁신역량 형성을 위한 환경조성: 인적자본

이상과 같은 세 가지 과정이 기업과 정부가 함께 노력하여 혁신역량을 키우는 과정이라면, 민간기업의 혁신역량을 보조하기 위해 정부가 담당해야만 하는 중요한 역할이 따로 존재합니다. 그것은 바로 해당 산업에 필요한 인적자본을 육성하는 것입니다. 인적자본이란 사람이 기술과 지식을 익힐 수 있도록 투자하는 것을 말하는데, 초·중등교육과 고등교육에 투자하여 산업화에 요구되는 사람을 양성하는 것을 뜻합니다.

교육받은 인력이 중요한 이유는 매우 단순합니다. 기업이 기술능력을 획득한다는 것은 기업에서 일하는 사람들이 필요한 기술을 습득한다는 것을 의미합니다. 기술을 습득하려면 최우선으로 글을 읽을 수 있어야 합니다. 자본재와 관련된 설명서와 공정에 관한 지침서를 읽을 수 없으면 누군가가 와서 항상 일일이 설명해야 합니다. 그러면 일이 효율적으로 진행될 수 없습니다. 초·중등 교육은 우선 글을 깨우쳐 스스로 학습할 수 있도록 만들어 줍니다.

초·중등교육이 중요한 또 다른 이유는 공부하는 과정에서 문제를 해결할 수 있는 능력이 배양되고, 근면하게 일할 수 있는 규율을 몸에 익히게 되기 때문입니다. 공부라는 것은 자동으로 되는 것이 아닙니다. 배운 것을 자기 것으로 만들기 위해서는 스스로 정리하며 체계화하려는 노력이 필요한데, 이러한 과정이 자연스럽게 이루어지지 않는다는 것이지요. 먼저 배운 내용에 관한 암기가 필요하며, 이해하기 위해서 앞서 배운 지식의 연관성과 차이에 대해 자기만의 논리를 만드는 일을 의식적으로 진행해야 합니다.

문제는 이 과정이 자연스럽게 발생하지 않을뿐더러, 단박에 일어나지도 않는다는 겁니다. 시행착오를 거듭하는 과정에서 생기는 고통을 이겨내야 하므로 큰 인내가 필요합니다. 즉 공부를 계속하여 교육과정을 따라간다는 것은 그만큼 계속되는 고통을 이겨낼 수 있도록 몸이 단련되는 것이기도 합니다. 쉽게 말해 공부를 계속하는 과정에서 문제를 해결하는 능력과 함께 근면 성실함이 같이 키워진다는 것이지요. 이런 이유로 초·중등교육을 받은 근면 성실한 인력을 양성하는 것은 주로 노동집약적 산업에 특화된 초기 산업화과정에서 국가가 담당해야 할 중요한 당면과제였습니다.

김인수 교수에 따르면 다행스럽게도 한국의 교육열은 개발도상국 가운데에서도 매우 특이했다고 합니다. 1950년대 말 73개국을 대상으로 한 프레데릭 하비슨(Frederick Harbison)과 찰스 마이어스(Charles Myers)의 연구에 따르면 우리나라는 1인당 국민소득이 90달러에 불과했지만 교육 수준은 우리보다 2배나 잘사는 나라와 유사했다고 합니다. 구체적으로 살펴보면 중학교 입학률이 1953년 21퍼센트에서 1994년엔 99퍼센트에 이르렀고, 고등학교 입학률은 12퍼센트에서 89퍼센트로 치솟았습니다. 1960년 27.9퍼센트에 이르던

문맹률이 1970년엔 10.6퍼센트까지 떨어졌습니다.

결과적으로 교육받은 우수한 인력이 산업현장에서 열심히 일했기 때문에 생산과 관련된 숙련을 빨리 습득할 수 있었습니다. 노동자들의 숙련이 향상되면 생산성이 올라가 기업 경쟁력이 높아집니다. 이런 방식으로 초·중등교육은 개발도상국에서 중진국으로 도약하는 데 중요한 역할을 합니다.

▎ 인적자본을 육성하기 위해 개발도상국은 교육과정을 정비해야 한다.
사진은 인도 어느 학교의 풍경.

그런데 중진국을 넘어서 주요국으로 나아가려면 더 높은 수준의 지식을 해석할 수 있는 인력이 필요합니다. 즉 주요국으로 나아가려면 기술집약적 업종으로 산업의 고도화가 이루어져야 하는데, 기술 수준이 높아진 만큼 이를 이해하고 응용하여 새로운 혁신을 만들려면 그만큼 높은 전문적 지식을 가진 인력이 요구된다는 것이지요. 대학교육을 받은 사람들이 필요하다는 말입니다.

우리나라의 경우 높은 교육열 덕택에 고등교육을 이수한 사람들의 숫자 역시 급격하게 증가합니다. 1953년 38,400명에 불과했던 대학 입학생이 1994년 115만 명에 달했습니다. 4년제 대학에서 공학과 자연과학을 전공한 학생 역시 1965년에는 37,000명에 불과했지만, 1994년 493,000명으로 급증합니다. 대학에서 공학과 자연과학을 전공한 인력들은 우리나라가 중진국에서 주요국으로 도약하는 데 중요한 역할을 담당했습니다.

간추려 보기

- 대외지향 개방경제를 추진했던 남미의 많은 개발도상국이 경제발전에 실패하면서 워싱턴 컨센서스의 오류가 증명되었다.
- 기술패러다임의 변화, 경제불황 등은 후발 자본주의 국가가 주요국을 따라잡을 '기회의 창'이 된다.
- 후발국이 주요국으로 발전하려면 외환확보능력, 혁신역량이 필요하다.
- 기술도입, 외자 유치, M&A, 자본재 수입, 수출주도산업화전략, 국가의 산업정책 등으로 혁신역량을 키워야 한다.

2장 도약 1: 경제개발계획과
수출주도 중화학공업화

학자 대부분이 동의하는 바는 우리나라에서 본격적인 경제발전이 시작되는 시기가 1962년 박정희 정권의 경제개발계획 이후라는 사실입니다. 경제개발계획에서 박정희 정권의 산업정책이 본격적으로 가동되면서부터 고도성장이 가능했다는 것이지요. 물론 여기에 대해 일부 다른 견해를 가진 학자들도 있습니다. 하지만 대체로 박정희 정권이 들어선 뒤로 고도성장이 이루어졌다는 것에 관해선 큰 이견이 없습니다. 그래서 한강의 기적은 박정희 정권의 중요한 결단에서 비롯되며, 이 결단이 우리나라 경제가 도약할 결정적 계기를 마련해 주었다고 할 수 있습니다. 이를 첫 번째 도약이라고 부르고자 합니다.

그런데 박정희 정권의 결단은 매우 곤란한 상황에서 단행되었기 때문에 지금까지도 논란이 되고 있으며, 그건 앞으로도 마찬가지일 겁니다. 이하에서는 그 결단이 무엇인지 살펴보겠습니다.

박정희 정권 이전의 경제개발계획

우선 경제개발계획부터 살펴보면, 경제개발계획을 실제로 실행한 것은 박정희 정권이 맞지만, 경제개발계획에 관한 아이디어는 박정희 정권이 아니라

경제개발계획 수립에 소극적이었던 이승만

그 이전 정권에서 비롯되었다거나 미국의 요구에 의한 것이었다는 견해가 있습니다. 사실 경제개발계획에 관한 아이디어는 당시 국제사회에 매우 광범위하게 퍼져있었고, 심지어 미국도 경제개발계획을 만들 것을 한국에 강요했다고 합니다. 1947년에는 미 군정이 한국경제를 부흥시키기 위해 조선재건5개년계획을 수립하였고, 미국 원조를 잘 활용하기 위해 1949년에는 이승만 정권이 산업부흥5개년계획을 만듭니다. 원조와 관련된 협상에 활용하기 위해 이승만 정권은 1954년 경제부흥5개년계획을 다시 만듭니다.

더욱이 1950년대는 한국뿐만 아니라 아시아 각국이 경제개발계획을 만들던 시기입니다. 인도가 1950년 5개년개발계획, 대만이 1953년 4개년계획을 수립했고, 베트남은 1953년 3개년계획, 말레이시아와 일본은 1955년 5개년계획을 수립했을 정도로 당시 아시아에서 경제개발계획은 대유행이었습니다. 이런 국제환경을 배경으로 이승만 정권의 부흥부는 1956년부터 5개년계획에 관한 초안을 만들어 1957년 이승만에게 보고합니다. 그렇지만 이승만은 이를 스탈린적 사고라며 폄하합니다. 경제개발계획을 공산주의 계획경제와 유사한 것으로 판단한 것이지요. 그러나 대통령이 공산주의적 사고방식이라고 규정했음에도 경제개발계획은 여전히 필요했습니다. 미국이 적극적으로 한국에 경제개발계획을 요구했기 때문입니다. 미국은 1957년 부흥부 장관에게 장기경제개발계획안을 제출해야만 원조를 계속 제공하겠다고 협박까지 합니다. 미국이 이승만 정권보다 오히려 우리나라의 경제개발계획에 더 적극적이었던 이유는 미국의 경제 사정이 나빠지면서 원조를 계속하기 어려운 사정이 발생한 것과 관련됩니다. 미국의 부담이 가벼워지려면 한국의 조속한 경제개발이 시급히 요구되었습니다. 동시에 소련·중국·북한 등 공산주의 국가의 산업화가 시작되면서 이에 대항해야만 했기 때문입니다. 소위 공산주의 진영과 자본주의 진영 간의 체제 대결에서 자본주의 체제가 더 우월함을 입증하는 증거로 경제개발 성공 사례가 필요했던 것입니다.

특히 미국이 우려했던 것은 한반도가 공산화되는 것이었습니다. 미국은 만약 한국이 경제발전을 이룩하지 못한다면 경제적 어려움에 대한 대중들의 불만이 분출하여, 공산화로 연결될 수 있다고 판단했습니다. 이런 이유로 한국의 안보를 지킬 수 있는 가장 효과적인 방법이 경제발전이라고 판단합니다. 안보란 다른 나라의 침략으로부터 국가와 국민을 지키는 것을 뜻하는데, 만약 먹고사는 문제가 해결되지 못하면 한국이 공산화될 수 있다고 미국은 우려했습니다.

미국의 강력한 요구에 직면하여 이승만 정권은 경제개발계획을 만들어야 했습니다. 이승만과 달리 당시 부흥부 장관 또한 경제개발계획을 세우는 것이 우리에게 유리할 것으로 판단했습니다. 매년 원조 액수 규모에 관해 미국과 협상하는 것보다 장기계획에 따라 전체 원조 규모를 정하는 것이 미국의 원조를 더 많이 받는 데 유리하다고 판단한 것이지요.

두 가지 이유에 따라 자립경제를 목표로 한 경제개발3개년계획(1960~1962)

┃ 경제개발계획을 수립했지만 실행하지는
못했던 장면

이 1959년 12월에 만들어지고, 1960년 4월 15일에 최종 채택됩니다. 그렇지만 4월 15일이라는 날짜에서 추론할 수 있듯이, 3개년계획은 1960년 4·19 혁명이 발생하면서 실행되지 못하고, 장면 정권으로 넘어갑니다. 장면 정권은 3개년계획을 경제개발5개년계획으로 확대·발전시키려 했습니다. 장면 정권은 장기발전계획을 수립하는 과정에서 1961년 3월 미국 국방부 연구소의 찰스 울프 박사를 초청하여 조언을 구합니다. 이를 바탕으로 1961년 5월 실무단을 미국에 파견하여 미국 정부에 경제개발을 위한 자금지원을 요청합니다. 경제개발을 하려면 돈이 필요한데, 한국은 돈이 없었기 때문에 경제개발 투자에 필요한 돈을 미국에서 지원받으려 한 것이지요.

당시 미국은 1960년 쿠바혁명이 발생하여 중남미 지역에 원조를 늘려야만 하는 상황이었습니다. 여기에다 베트남에 관한 개입이 증가하면서 한국 원조가 부담스러운 상황이었습니다. 그렇지만 당시 실무단의 주장에 따르면 미국은 예산 지원에 관해 우호적이었다고 합니다. 그런데 협상을 진행하던 도중 5·16군사정변이 발생하여, 실무단은 귀국할 수밖에 없었습니다. 결국 장면 정권 역시 이승만 정권과 마찬가지로 계획만 세워놓고 실행을 하지 못합니다.

박정희 정권의 경제개발계획

5·16군사정변을 통해 권력을 탈취한 박정희 정권은 1962년부터 시작되는 제1차 경제개발5개년계획을 만들어 실행에 옮깁니다. 이를 두고 어떤 사람들은 박정희 정권의 경제개발계획이 장면 정권에서 만들어진 계획을 실행에 옮긴 것에 불과하다고 폄하하기도 합니다. 그렇지만 이런 평가는 앞서 말한 국제 상황을 제대로 이해하지 못한 오류입니다. 당시 국제사회는 경제개발계획을 만드는 것이 유행이었다고 할 수 있기 때문입니다. 미국 또한 이를 개발도상국에 강요했습니다.

이처럼 수많은 나라가 경제개발계획을 세웠지만 실제로 경제발전에 성공한 나라는 손에 꼽을 정도입니다. 그건 이승만 정권이나 장면 정권 역시 마찬가지입니다. 그렇지만 박정희 정권은 실제로 성과를 냅니다. 이런 측면에서 박정희 정권의 경제개발계획이 장면 정권의 계획을 단지 실행한 것에 불과하다는 평가는 계획과 실천이 다를 수밖에 없다는 단순한 사실을 망각한 오류입니다.

여기에다 한국학중앙연구원 사회과학부 이완범 교수에 따르면 박정희 정권이 장면 정권의 경제개발계획을 실행에 옮긴 것뿐이라는 주장 역시 사실과 맞지 않습니다. 장면 정권이 이승만 정권의 경제개발계획을 참조하여 수정한 것과 마찬가지로 박정희 정권 역시 장면 정권의 경제개발계획을 참고하여 수정합니다.

우선 군사정권의 최고 기구였던 최고회의에서 1차 수정이 이루어집니다. 최고회의는 자주적 공업화전략을 기초로 장면 정권이 만든 계획안을 대폭 수정합니다. 소비재 중심의 수입대체산업화전략을 수정하여 제철·제강·기관차·조선·공작기계·자동차·기초화학 등 기간산업 중심으로 연 7.1퍼센트 경제성장을 달성하겠다는 야심 찬 공업화전략을 마련합니다. 물론 농업을 발전시켜 소득을 증대시킨다는 안은 그대로 유지됩니다. 이 안을 경제기획원이 말레이시아·인도의 5개년계획과 세계은행 자료를 참고하여 다시 보완합니다. 그리고 1962년 1월 5일 발표합니다.

　장면 정권이 5~6퍼센트 경제성장률을 목표로 했다면 군사정권은 연 7.1퍼센트를 목표로 합니다. 장면 정권이 안정에 중심을 두었다면, 군사정권은 성장에 중심을 두었던 것이지요. 당시 학자들은 전 세계적으로 7퍼센트 경제성장의 사례가 없으며, 현실적으로 한국이 그 정도 성장에 필요한 돈을 마련할 방법이 없다며 탁상공론에 불과하다고 비판했습니다. 물론 군사정권은 대책을 가지고 있었지만 결국 실패합니다. 이에 관해서는 뒤에서 언급하겠습니다.

▌ 5·16군사정변 당시의 박정희(가운데)

미국 역시 막대한 투자가 통화팽창과 재정적자를 초래할 것이라고 성장률을 낮추도록 요구합니다. 투자를 하려면 돈이 필요한데, 돈이 없으면 한국은행이나 외국에서 빌려와야 합니다. 이처럼 나라가 벌어들인 돈보다 더 많이 써서 빚을 내어 나라의 살림을 꾸려갈 때 재정적자가 발생했다고 합니다. 한국은행이나 외국에서 돈을 빌리면 그 돈은 결국 시장에 풀리므로 통화량이 늘어납니다. 이처럼 통화량이 늘어나 물가가 오르는 것을 통화팽창 또는 인플레이션이라고 합니다. 해외에서 달러를 빌리더라도, 달러를 우리나라 돈으로 바꾸어야 하므로 역시 국내 통화량이 늘어납니다. 결국 많은 돈이 시장에 풀리면 물가가 올라가는 인플레이션이 발생하여 경제 안정을 해치게 될 거라고 미국은 판단한 거죠.

이런 이유로 미국은 농업을 발전시키고 전력을 안정적으로 공급하여 국내 경제를 안정시키는데 전념할 것을 군사정권에 요구합니다. 당연히 막대한 달러가 필요한 제철사업, 공업지구 건설 등과 같은 대규모 투자를 시기상조라며 반대하면서, 원래 계획안을 대폭 수정하라고 요구합니다. 계획대로 공장을 지으려면 약 20억 달러가 필요한데, 한국에 그 정도 금액을 투자할 나라가 없으니 성장률을 5퍼센트로 낮추라고 권고합니다. 정부 예산의 절반을 미국 원조에 의존하던 당시 상황을 고려하면, 미국의 권고를 거부하는 것은 매우 어려운 일이었습니다. 결국 미국의 권고대로 계획안이 대폭 수정되었습니다. 자립적 공업화전략 역시 포기합니다. 성장률 목표치 또한 미국의 요구대로 5퍼센트로 수정합니다.

그렇지만 이런 어려움 속에서 박정희 정권은 1차 경제개발5개년계획이 끝날 때까지 5퍼센트 성장률 목표치를 크게 초과한 8퍼센트대를 달성합니다.

이를 통해 애초 박정희 정권의 계획이 비현실적이라고 비판한 사람들을 깜짝 놀라게 했습니다.

앞서 말한 것처럼 계획은 누구나 세울 수 있습니다. 그렇지만 이를 실행에 옮겨 실제 성과를 만드는 것은 아무나 할 수 있는 게 아닙니다. 계획을 실행에 옮기다 보면 예상하지 못한 어려운 일들이 발생하는데, 그런 난관을 이겨낼 실력이 없다면 실제 성과를 만들 수 없습니다. 개발도상국 대부분이 계획만 세우고 실적을 만들지 못한 것은 이런 이유 때문입니다.

자립경제에서 수출지향산업화전략으로

그러면 도대체 중간에 무슨 일이 일어났기에 박정희 정권은 초기의 역경을 극복하고 세계를 깜짝 놀라게 한 성과를 낸 것일까요? 1961년 쿠데타를 자행한 뒤 박정희는 정부 살림살이에서 미국 원조가 52퍼센트에 달한 것을 알고 깜짝 놀랍니다. 박정희는 미국 원조에 의존하던 장면 정권을 주체성이 상실된 정권이라고 비난했습니다. 이런 이유로 군사정권은 국내에서 경제개발에 필요한 투자재원을 마련하여 미국에 의존하지 않는 자립경제를 만들어간다는 야심 찬 목표를 세웠습니다. 이 계획에 따라 미국과 사전 협의 없이 1962년 6월 9일 화폐개혁을 전격 단행합니다.

화폐개혁이란 화폐를 바꾸어 옛날 돈을 사용하지 못하게 하는 것입니다. 옛날 돈을 사용하려면 새 돈으로 바꾸어야 하는데, 헌 돈을 새 돈으로 바꾸는 과정에서 은행 이외의 개인 금고에 숨겨놓은 돈이 드러날 수밖에 없습니다. 박정희 정권은 이 돈으로 경제개발에 필요한 재원을 마련하려 했습니다.

그런데 생각만큼 숨겨놓은 돈이 나오지 않았습니다. 결과론적인 해석이긴

하지만, 당시 한국이 가난한 나라였다는 점을 고려하면 숨겨놓을 돈이 별로 없었을 가능성이 컸는데, 군사정권은 개인 금고에 숨겨놓은 돈이 많았을 것으로 오판한 것입니다. 결국 화폐개혁은 의도한 성과를 이루지 못하고, 옛날 화폐를 새 화폐로 바꾸는 과정에서 대혼란만 일으켰습니다. 결정적으로 미국이 화폐개혁 백지화를 요구하면서 완전히 실패로 끝납니다.

더욱이 1962년 성장률이 2퍼센트대에 불과하여 목표치인 5퍼센트대에 한참 미달하였고, 1962~1963년 농작물이 잘 자라지 못하는 흉작이 발생하여 곡물 가격이 급등합니다. 1963년 9월이 되면 정부가 보유한 달러가 거의 바닥에 이르러, 더는 정부가 투자를 주도하기 어려운 상황까지 발생합니다. 결국 화폐개혁 실패로 국내에서 경제개발에 필요한 돈을 마련할 수 없다는 사실을 깨달은 박정희는 초기에 구상했던 농업과 기간산업을 중심으로 한 자립경제노선을 포기해야 했습니다.

그런데 이 실패가 뜻하지 않은 사건을 만나면서, 박정희 정권의 경제개발 성공에 결정적으로 기여할 대전환을 부릅니다. 다른 나라에서 돈을 빌려오는 것을 통한 수출중심산업화전략으로의 전환이 바로 그것입니다.

▌ 박정희 정권의 경제개발계획에 적극적으로 개입했던 존 F. 케네디 미국 대통령

앞서 말했듯이 애초에 박정희 정권은 수출중심산업화전략을 할 생각이 전혀 없었습니다. 수출은 단지 외화가 들어오고 나간 돈의 균형을 맞추는 데 필요한 것으로 여겨질 뿐이었습니다. 이를 어려운 말로 "국제수지균형의 측면에서 수출을 고려하고 있었다"라고 표현합니다. 수출 상품 역시 공산품을 생각했던 것이 아니라 농산물과 광물에 중점을 두었을 뿐입니다. 한국의 공업 수준이 매우 낮았던 상황을 고려하면, 공산품을 수출할 수 있다고 생각하는 것은 당시의 통념으로는 매우 이상한 일입니다. 자주적 공업화전략이란 것도 당시 대부분의 개발도상국에서 유행하던 수입대체공업화전략에 충실한 것이었습니다.

그런데 박정희 정권이 전략을 수정하는 데 기여하는 사건이 1963년 우연히 발생합니다. 농산물이 아닌 공산품에서 수출목표치보다 훨씬 큰 성과가 달성된 것이지요. 1963년 철강재가 1,211만 달러, 단·합판이 675만 달러, 면포(綿布)가 414만 달러나 수출되면서 총 2,810만 달러의 공산품이 수출됩니다. 애초 공산품 수출액 목표가 640만 달러에 불과했던 점을 생각하면 놀라운 사건이 발생한 거죠. 공산품이 수출될 수 있다는 사실에 힘이 난 박정희 정권은 1964년 공산품 수출 목표액을 1,920만 달러로 높게 잡았는데, 실제로는 4,230만 달러를 달성합니다.

철강재 수출이 급증한 이유는 전쟁으로 파괴되었던 철강산업이 1958년 복구되면서 1960년부터 과잉생산이 발생한 것과 관련됩니다. 공장가동을 단축해야 할 정도로 철강재 공급이 넘쳐나자 철강업체들은 수출을 통해 과잉생산을 해결하려 합니다. 이렇게 해서 1962년 처음 475,000달러를 베트남에 수출한 뒤, 1963년에는 1,211만 달러를 베트남에 수출합니다.

▌ 공산품이 수출지향산업화전략의 바탕을 이루었다.

여기서 왜 하필 베트남인지 의문이 들 수 있습니다. 베트남에 경제원조를
하던 미국은 원조로 제공한 달러를 미국 제품 구매에만 사용하도록 제한했
습니다. 이를 '바이 아메리카(Buy America)' 정책이라고 합니다. 그런데 미국이
한국 철강재 구매에 관해선 예외적으로 달러 사용을 허용했습니다. 이런 이
유로 베트남은 당시 최고의 철강 경쟁력을 가졌던 일본제품을 수입하지 못
하고, 대신 한국제품을 수입합니다. 미국의 한국 철강산업에 관한 정책은
1965년까지 이어집니다.

단·합판은 철강재와 조금 성격이 다릅니다. 철강재가 중화학공업 제품
에 속한다면 단·합판은 경공업 제품에 속합니다. 철강재보다 요구되는 기술
수준이 낮은 제품이기 때문에 일찍부터 경쟁력을 획득할 수 있었습니다. 특
히 유엔군에 납품하기 위해 서독에서 우수한 기계를 도입한 뒤 미군의 도움
을 받아 품질을 높이는 데 성공한 것이 경쟁력을 인정받는 결정적 계기가 되

었습니다. 이를 바탕으로 1960년 처음 15,000달러를 미국에 수출하였고, 품질이 뛰어나다는 평가에 따라 수출이 급증하여 1963년엔 675만 달러의 수출실적을 달성합니다.

공산품에서 뜻하지 않은 수출 성과가 나타나자 박정희 정권은 공산품 수출을 확대하는 방향으로 경제개발계획을 수정합니다. 기업가들 역시 국제금융시장에 흘러넘치는 달러를 과감하게 빌려와서 공장건설에 나서야 한다고 조언했습니다. 이렇게 해서 1964년 하반기에 공업을 중심으로 한 수출지향산업화전략으로 발전전략이 격변합니다.

환율 현실화

수출지향산업화라는 대전환에 따라 박정희 정권은 수출증대를 위해 중요한 결단을 단행합니다. 1964년 5월 1달러당 130원대였던 환율을 255원으로 대폭 인상합니다. 대폭 인상이라고 하지만, 사실은 비정상적으로 낮게 책정되었던 환율을 현실화시킨 것에 불과합니다.

환율인상이 수출을 위해 왜 중요한 것인지 이해하려면 환율에 관한 사전지식이 조금 필요합니다. 환율이란 우리나라 돈에 대한 외국돈의 가치를 뜻합니다. 외국 돈을 달러라고 하면, 환율이 높다는 것은 달러 가치가 우리나라 돈에 비해 높다는 것을 말합니다. 반대로 환율이 낮다는 것은 우리나라돈에 견주어 달러 가치가 떨어졌다는 것을 의미합니다.

환율이 낮으면 어떻게 될까요? 달러 가치가 낮고 우리나라 돈의 가치가높으면 외국 물건이 싸지니까 우리나라 돈으로 외국 물건을 많이 살 수 있습니다. 반면, 우리나라 물건 가격이 비싸져서 외국 사람들이 한국 물건을 많이 살 수 없겠지요. 당연히 수입이 유리하고, 수출은 불리합니다.

예를 들어 설명해 보겠습니다. 환율이 1달러당 1,000원이라고 하면, 미국으로서는 1달러를 가지고 한국 물건 1,000원짜리를 살 수 있고, 한국으로서는 1,000원을 가지고 1달러짜리 미국 물건을 살 수 있습니다. 환율이 올라 1달러당 1,200원이 되었다고 가정하겠습니다. 이제 미국 사람들은 1달러를 가지고 한국 물건 1,200원짜리를 살 수 있습니다. 그전에는 1,000원짜리를 살 수 있었는데 말이죠. 미국 소비자 처지에서는 한국 물건이 싸진 겁니다.

반면, 한국 사람들은 환율이 오르기 전엔 1,000원만 있으면 1달러짜리 미국 물건을 살 수 있었는데, 이제는 1,200원이 있어야 살 수 있습니다. 같은 물건인데 환율이 바뀌면서 한국 사람 입장에서는 미국 물건이 비싸진 것이죠. 이런 이유로 수출이 잘 되려면 우리나라 돈의 가치가 달러에 비해 낮아져야 합니다. 즉 환율이 올라가야 하지요. 물론 현실은 이보다 복잡하지만, 단순화시키면 그렇다는 것입니다.

❙ 국제기준에 따르면 '달러원 환율'이 옳은 표기이지만, 관습적으로 '원달러 환율'로도 불린다.

그러면 여러분은 왜 그동안 한국 정부가 비정상적으로 환율을 낮게 유지했는지 궁금하실 겁니다. 미국은 이승만 정권 때부터 줄기차게 환율 현실화를 요구했지만, 한국 정부는 저환율 정책을 고집했습니다. 여기에는 그럴만한 이유가 있었는데, 성균관대학교 정치외교학과 김일영 교수에 따르면 우선 물가안정 때문입니다. 당시는 만성적으로 물자가 부족하였고, 부족한 물자를 미국 원조에 의존했는데, 환율이 낮아야 원조물자의 국내 가격이 낮아집니다. 우리나라 돈의 가치가 높으니, 외국에서 들어오는 물건 가격이 낮아진다는 것이지요. 그러면 국내 물가가 떨어집니다.

두 번째는 미국의 원조를 더 많이 받기 위해서입니다. 미국이 한국 정부에 원조물자를 제공하면 한국 정부가 이를 민간에 팔아서 정부 살림살이에 쓰고 있었는데, 이렇게 마련된 돈을 대충자금(counterpart fund)이라고 합니다. 우리나라 돈의 가치가 높으면 원조물자의 국내 가격이 낮아지므로, 정부 수입이 그만큼 적어집니다. 정부 수입이 적어지면 정부가 가난을 해결하기 위해 할 수 있는 일이 줄어듭니다. 물론 세금을 더 거두면 되지만, 당시 한국의 가난을 생각하면 그건 어려운 일입니다. 결국 환율이 낮으면 대충자금이 작아지니까, 그만큼 원조물자를 더 늘려달라고 미국에 요구할 수 있습니다.

세 번째는 우리나라에 있는 유엔군으로부터 더 많은 달러를 얻기 위해서입니다. 유엔군은 필요한 물자를 국내에서 조달하기 위해 달러를 직접 내고 재화와 서비스를 구매하거나 우리나라 돈으로 바꾸어 재화와 서비스를 조달하는 두 가지 방법을 사용합니다. 한국 돈으로 바꾸는 방법은 초기와 후기로 나누어집니다. 초기에는 정부가 한국은행에서 빌린 돈을 유엔군에게 빌려주면, 유엔군은 이를 달러로 한국 정부에 갚아야 했습니다. 유엔군으로부터 더 많은 달러를 얻으려면 달러보다 한국 돈의 가치가 높아야 했던 것입니다. 물론 1954년부터는 유엔군이 달러를 직접 한국은행에 팔아서 한국 돈을 조달하는 방법으로 전환합니다. 어느 경우든 환율이 낮으면 유엔군은 필요한 물자를 국내에서 구매하기 위해 더 많은 달러가 필요합니다. 그만큼 우리나라는 더 많은 달러를 확보할 수 있습니다.

▍ 1955년 한미원조 조인식에 참석한 유완창 부흥부장관과 엘리스 브리그스 주한미국대사

이처럼 미국으로부터 원조를 늘리고, 달러를 확보하기 위할 필요성 때문에 그동안 한국 정부는 미국이 환율을 현실화하라고 줄기차게 요구했지만, 이를 거부하고 실제 환율보다 매우 낮은 환율정책을 고수해왔습니다. 물론 장면 정권이 미국의 요구를 받아들여 1961년 시장환율 수준으로 맞추는 개혁조치를 1차로 단행합니다. 그렇지만 물가가 오르는 인플레이션 때문에 여전히 환율이 낮았습니다.

무슨 말인지 간단히 설명하면 이렇습니다. 1달러당 1,000원이 정상 환율이라고 가정하면, 1달러로 우리나라 물건 1,000원짜리를 살 수 있습니다. 물가가 올라 똑같은 물건이 2,000원이 되었다고 가정하겠습니다. 만약 정상적인 환율이라면 1달러당 2,000원이 되어야 합니다. 그런데 환율이 고정되어 있으면 1달러당 1,000원이 그대로 유지됩니다. 그러면 1달러당 2,000원보다 환율이 낮은 상태에 있는 것이죠. 그 전엔 미국 소비자들이 1달러로 우리나라 물건 1,000원짜리를 살 수 있었다면, 이제는 2달러를 주어야 살 수 있습니다. 우리나라 물건이 비싸진 거니까 미국 소비자들은 우리 제품을 사지 않으려할 겁니다. 결국 수출이 줄어듭니다.

만약 물가상승만큼 우리나라 돈의 가치가 떨어지게 되어 있으면 수출이 줄어드는 문제가 발생하지 않습니다. 환율을 고정하여 우리나라 돈의 가치를 그대로 유지하도록 한 것이 문제이지요. 이런 이유로 박정희 정권은 1964년 물가상승 등을 고려하여 환율이 바뀌는 소위 변동환율제를 도입합니다. 우리나라 외환제도를 개혁한 것이지요.

1964~1965년 환율제도 개혁을 계기로 박정희 정권은 수출확대를 위한 본격적인 정책을 전개합니다. 수출을 증가시키기 위한 모든 수단을 동원하기 시작했지요. 박정희 정권은 수출만이 살길이라고 말하며, 수출제일주의를 가장 중요한 정책으로 밀고 나갈 것이라고 선언합니다.

한·일국교정상화

화폐개혁이 실패로 끝나면서 국내에서 투자를 위한 자금을 마련할 수 없다는 사실을 깨달은 박정희 정권은 외국에서 돈을 빌려오고, 수출을 통해 달러를 마련하는 전략으로 신속하게 전환합니다. 여기서 박정희 정권은 한강의 기적을 이루는 데 결정적으로 중요한 역할을 한 두 사건을 추진하기로 결단합니다. 현재까지도 여전히 논란인 한·일국교정상화와 베트남파병이 바로 그것입니다.

▌ 해양세력(한·미·일)과 대륙세력(북·중·러)의 각축장이었던 한반도

한·일 관계와 관련하여 미국은 일본과 과거사를 정리하고, 국교를 정상화하라고 이승만 정권 때부터 줄기차게 한국 정부에 요구했습니다. 미국은 중국이 공산화되고, 소련과 냉전이 격화되면서 공산권에 맞서기 위해 일본을 중심으로 공산권에 대항하는 새로운 동북아 전략을 구상합니다. 원래 미국은 중국을 파트너로 삼아 일본의 힘을 줄이고자 했습니다. 일본의 힘을 줄이는 것이 동북아지역의 평화를 위해 매우 중요하다고 판단한 것입니다.

그런데 중국이 공산화되고, 공산국가인 소련과의 냉전이 격화되자 이러한 정책이 재고됩니다. 미국의 안보를 위해 아시아에서 중국과 소련에 맞설 수 있는 가장 중요한 국가가 일본이라고 본 것입니다. 미국이 한국을 놔두고 왜 자기들과 전쟁까지 했던 일본을 다시 키워주기로 한 것인지 이해하기 어렵다고요? 일본이 태평양전쟁을 일으켜 미국·중국과 전쟁을 벌일 만큼 산업의 기초가 완성되었던 국가임을 떠올리면 미국의 판단이 이해가 될 겁니다. 미국으로서는 미국을 대신하여 중국과 소련에 맞서 싸울 수 있을 정도의 힘을 가진 국가는 일본밖에 없었습니다. 당시에 한국은 매우 힘이 약한 국가였으니까요.

결국 공산주의 세력의 확장을 막기 위해 미국은 일본을 용서하고 오히려 키워주기로 합니다. 일본 산업을 약화시키려던 초기 정책은, 일본 산업에 대한 규제를 제거하고 수출을 장려하여 일본 경제를 부흥시키는 방향으로 전환됩니다. 즉 일본의 전후 재건은 미국의 정책에 힘입은 바가 큽니다.

미국의 새로운 동북아 전략에 따라 개발도상국에 대한 원조정책도 바뀝니다. 미국은 무상원조정책이 개발도상국의 발전에 기여하지 못하는 것으로 판단하고, 돈을 갚을 필요가 없는 무상원조에서 돈을 갚아야 하는 차관(借款, loan)으로 정책을 바꿉니다. 무상원조정책이 미국에 대한 의존만 강화하고 스스로 경제를 부흥시키려는 노력을 게을리하게 만든다고 본 것입니다.

노골적으로 표현하면, 돈을 공짜로 주니까 열심히 노력해서 돈 벌 생각을 하지 않는다고 본 거죠. 이로 인해 들어간 돈만큼의 경제적 성과가 나타나지 않는다고 판단한 것입니다. 특히 공산주의 국가들의 산업화가 본격화되면서 원조정책 변화의 필요성이 더욱 커집니다. 후발 자본주의 국가에서도 경제발전을 이룩한 모델을 만들어 공산주의보다 자본주의가 우월함을 알려야 하는데, 이를 위해선 원조보다 개발을 중심으로 한 차관이 훨씬 나은 방법이라고 생각한 것입니다.

▌ 1957년 미국 원조 식량 입하 환영식

이 전략에 따라 한국에 대한 미국의 원조는 1957년을 고비로 급격하게 줄어듭니다. 미국의 경제 상황이 예전만 못한 상황에서 베트남에 집중해야 했기 때문이며, 한국에 대한 원조 부담과 동북아시아에서의 군사비 부담 또한 줄여야 했기 때문입니다. 그래서 미국은 그동안 담당하던 원조와 군사적 역할의 일부를 일본이 맡기를 원했습니다. 여기서 원조란 한국에 돈을 빌려준다는 것을 의미하고, 군사적 역할이란 동북아지역에서 공산주의 세력이 확장되는 것을 막기 위해 일본의 군사력을 증강하는 것을 말합니다. 일본의 역할이 늘어나는 만큼 동북아에서 미국의 군사비와 역할이 줄어듭니다. 그러면 미국으로서는 베트남처럼 공산화될 가능성이 큰 지역에 미국의 자원을 집중할 여력이 생긴다는 것이지요.

그런데 일본이 한국에 차관과 기술을 제공할 수 있으려면 일본이 그 정도 능력을 갖춰야 하고, 양 국가 간에 국교가 수립되어야 합니다. 일본은 한국전쟁을 지나면서 세계적인 경쟁력을 지닌 국가로 재건됩니다. 한국전쟁이 발발하기 전까지만 해도 일본 경제는 전쟁 패배로 매우 암울한 상황이었습니다. 식민지가 사라지면서 식량문제조차 해결할 수 없었고, 1948년 말 생산량은 1930~1934년 수준의 64퍼센트에 불과했습니다. 미국의 원조가 없다면 사실상 버티기가 어려울 정도로 경제적으로 곤란한 상황이었습니다.

▌ 일본은 한국전쟁을 통해 경제 강국으로 재건되었다. 사진은 한국전쟁의 분수령이었던 인천 상륙작전 당시의 인천항.

그러나 한국전쟁에서 미군이 필요로 하는 군수품을 공급하는 기지 역할을 맡으면서 완전히 다른 국가로 변신하는 데 성공합니다. 원래 미국은 일본이 군수품을 생산할 수 없도록 막아 놓았지만, 한국전쟁이 발생하면서 일본이 전쟁물자를 생산할 수 있는 길을 열어주었습니다. 특히 자동차산업이 막대한 혜택을 보았는데, 전쟁에 사용될 트럭이나 지프에 대한 수요가 폭발했기 때문입니다. 일본은 군수품을 생산하는 것 못지않게 미국을 위해 물자수송 역시 전담합니다. 당연히 관련 산업이 크게 성장합니다. 그 덕에 일자리 역시 폭발적으로 늘어납니다. 한국전쟁이 일본 경제에 얼마나 대단한 역할을 했는가에 관해 당시 요시다 시게루 일본 총리는 하늘이 내린 선물이었다고 말하기까지 합니다.

남은 문제는 국교수립입니다. 일본이 과거 한국을 식민지로 지배한 문제를 양 국가가 깔끔히 처리하여 좋은 관계로 발전하지 못하면, 일본의 돈과 기술이 한국에 들어올 수 없습니다. 국교가 없는 나라 사이엔 돈과 사람의 원활한 교류가 이루어질 수 없기 때문입니다. 마치 국교가 없는 일본과 북한 사이에도 사람이 오가기는 하지만, 돈과 사람의 원활한 교류가 이루어지지 못하는 것과 같습니다. 미국은 한·일국교수립이 한국에 큰 이익이 될 거라고 말합니다. 일본이 제공할 차관과 기술이 한국의 경제발전에 매우 크게 기여할 거라는 것이지요. 이런 측면에서 무상원조를 줄인 것 역시 일본과 서둘러 국교를 수립하라는 압박이었습니다.

문제는 이승만이 일본과 국교 관계를 수립하라는 미국의 요구를 끝까지 완강하게 거절했다는 것입니다. 이로 인해 일본을 중심으로 공산권에 맞서려는 미국의 전략이 큰 차질을 빚습니다. 4·19혁명 이후 수립된 장면 정권은 미국의 요구를 받아들여 한·일국교정상화를 약속하지만, 과감하게 실행에 옮기지는 못합니다.

일본이 식민지배의 불법성을 인정하지 않는 상황에서 한·일국교정상화는 쉽게 해결할 수 있는 문제가 아니었기 때문입니다. 한국은 침략에 관한 일본의 사죄와 정당한 배상 및 보상을 요구하는 차원에서 청구권 협상을 요구했지만, 일본은 이를 부인하고 한국의 경제재건을 돕기 위해 돈을 주겠다는 태도를 견지합니다. 보상이란 적법한 행위로 발생한 손실에 대해 금전적 책임을 묻는 것이고, 배상이란 불법 행위로 인한 피해에 대해 금전적 책임을 요구하는 것이기 때문에 청구권 협상이란 일본의 불법 행위에 대해 금전적 책임을 요구할 수 있어야 합니다. 그런데 일본은 애당초 불법 행위를 인정할 의사가 없었습니다.

미국 또한 한·일국교정상화가 필요하다고 줄기차게 요구했지만, 한국 입장을 적극적으로 옹호하지 않았습니다. 적극적으로 나서지 못한 이유는 미국이 공산국가와의 냉전을 계기로 사실상 일본의 식민지 지배에 대한 배상 책임을 가볍게 해주기로 마음먹었기 때문입니다. 미국은 공산주의 세력의 확장을 막기 위해 일본의 전쟁 책임을 가능한 한 작게 해주는 차원에서 일본과 1951년 샌프란시스코조약을 체결합니다.

샌프란시스코조약이란 전후 일본과 연합국들 사이에 맺어진 평화조약을 말하는데, 애초에 한국은 전쟁에서 승리한 전승국(戰勝國)으로 참여하여 일본에 막대한 배상과 보상을 요구하려 했습니다. 그렇지만 미국이 일본의 요구를 수용하여 한국을 전승국으로 인정하지 않았기 때문에 아예 참여조차 못했습니다. 미국은 일본에 대한 배상 책임을 묻기보다 가능하면 일본의 배상 책임을 가볍게 해주려고 노력했습니다. 책임을 가볍게 해주어 일본을 경제적으로 빨리 재건하는 것이 미국의 이익을 위해 더 중요하다고 판단했기 때문입니다.

　이런 이유로 연합국은 일본의 재외 재산과 일본인 개인이 남기고 간 재산을 몰수하는 것을 제외하면 일체의 전쟁 배상 책임을 묻지 않기로 합니다. 쉽게 말해 연합국 내 일본의 국가재산과 일본인 개인 재산을 몰수하는 선에서 전쟁 배상을 대체한다는 것으로, 매우 관대하게 처리한 것이지요.

❚ 샌프란시스코조약에 서명하는 요시다 시게루

　물론 일본이 점령하여 손해를 끼친 국가들에 한정해 배상 청구를 인정하지만, 현금이 아니라 물자와 서비스를 통해 배상하도록 함으로써 최대한 일본의 부담을 덜어주고자 했습니다. 일본 기계가 들어가면 나중에도 일본 기계를 써야 하니까, 배상을 받은 국가는 사실상 일본제품을 수출할 수 있는 시장으로 역할을 하게 됩니다. 배상하더라도 그 국가에서 돈을 벌 수 있도록 배려하여 배상의 부담을 덜어준 것입니다. 실제로 현재 이들 국가는 일본제품의 수출시장으로 기능합니다.

미국이 일본의 배상 부담을 가볍게 하여 빨리 재건하는 방향으로 전환하자, 한국은 현실적으로 일본에 과거 잘못을 인정하고 배상하라고 강제할 방법이 없었습니다. 전승국에 끼지 못했기에 전승국이 갖는 권리조차 가질 수 없었으며 일본과 개별협상을 해야 했는데, 당시 한국이 최빈국이었던 점을 생각하면 강대국이었던 일본을 상대할 힘과 능력이 사실상 없었습니다. 일본은 과거사에 대한 배상이나 사죄를 요구하지 않으면, 한국의 경제재건을 돕겠다는 입장을 고수했습니다. 청구권 문제에 관한 이런 일본의 입장은 경제협력 차원에서의 접근법으로 볼 수 있습니다.

일본이 경제협력이라는 관점에서 한일회담에 임했기 때문에 장면 정권 역시 한·일국교정상화를 과감하게 추진할 수 없었습니다. 장면 정권은 미국의 원조가 줄어드는 상황에서 미국의 원조와 국내 자금만으로는 경제를 발전시키기 어렵다고 판단했습니다. 한국의 경제발전을 위해 일본의 돈과 기술이 있어야 한다고 보고, 1960년 10월부터 일본과 5차한일회담을 진행합니다.

경제제일주의를 내세운 장면 정권은 다른 한편으로는 이승만 정권과 달리 국교정상화 이전에 일본과 경제협력을 적극적으로 시도합니다. 그렇지만 야당의 엄청난 반대에 직면하여 이를 철회합니다. 국교정상화 이전에 일본과 경제협력을 하지 않겠다고 물러서야 했습니다. 5차 한일회담은 이전 회담과 달리 일본의 금전적 책임과 관련한 실질적 토론을 하는 데까지 성공하지만, 일본의 반발 때문에 생각만큼 협상이 나아가지 못했습니다. 특히 일본은 개인 피해 보상문제에 강력하게 반발하며, 매우 엄격한 증거를 요구하는 형태로 개인 보상문제를 비켜 가려 했습니다.

5·16군사정변으로 정권을 장악한 박정희 정권 역시 경제개발에 필요한 투자자금과 기술을 일본에서 받아오는 것 말고 다른 대안이 없다고 판단합니다. 다른 점이 있다면, 엄청난 국민적 비난과 저항을 받았음에도 경제재건의 성과가 더욱 절실했기에, 청구권 문제를 둘러싼 한일회담의 조기타결을 추진합니다.

1961년 미국을 방문한 박정희는 케네디에게 경제개발에 필요한 원조를 요청하지만, 케네디는 미국의 사정이 어렵다며 이를 거절합니다. 대신 한·일국교정상화를 통해 일본으로부터 자금과 기술을 마련할 것을 권유합니다. 베트남에 집중해야 하는 미국으로서는 한국에 대한 부담을 어떻게든 빨리 일본으로 떠넘길 필요가 있었기 때문입니다.

▌ 1961년 박정희와 케네디의 백악관 회담

제1차 경제개발계획을 실행하려면 약 4억 2,600만 달러를 외국에서 빌려와야 하는데, 1964년까지 30퍼센트밖에 확보하지 못할 정도로 자금난에 시달린 박정희 정권은 결국 일본과 국교정상화를 조속히 추진하기로 결단합니다. 일본이 과거사에 관한 잘못을 인정하지 않는 상황에서 국교정상화는 박정희 정권에게도 엄청난 정치적 부담이지만, 경제개발을 추진하는 데 필요한 종잣돈이 더 중요하다고 판단한 것입니다.

일본으로서도 경제협력 차원의 한·일국교정상화가 결국 자국에 유리하게 작용할 거라 판단했습니다. 일본 경제가 중화학공업 중심으로 전환되면서 노동집약적 사양산업의 해외 이전이 불가피했는데, 지리적으로 가깝고 풍부한 노동력을 보유한 한국이 최적이었습니다. 게다가 한국이 일본으로부터 이전받은 경공업 기술로 산업화를 진행하면, 제품을 생산하는 데 필요한 기계장비를 일본으로부터 수입할 수밖에 없습니다. 그러면 자연스럽게 한국은 일본 중화학공업 제품의 주요 수출처가 될 수밖에 없다고 본 것이지요.

식민지 지배에 관한 인정과 배·보상을 둘러싸고, 1951년부터 시작되어 무려 14년 동안 끌어오던 한·일국교정상화 협상이 결국 박정희의 정치적 결단에 따라 1965년에 타결됩니다. 협상 타결을 통해 박정희 정권은 일본으로부터 총 8억 달러(무상원조 3억 달러, 유상원조 2억 달러, 민간상업차관 3억 달러)의 자금을 확보했는데, 이 자금은 경부고속도로나 포항제철 등을 건설하는 데 중요한 재원으로 사용됩니다.

또한 3장에서 부분적으로 살펴보겠지만, 한·일국교정상화는 일본 자본과 기술이 국내에 계속 들어올 수 있도록 만들어 한국이 경제적으로 도약하는 데 중요한 역할을 합니다. 물론 일본에서 들어온 기술은 공해문제가 심각하여 일본에서 더는 생산 활동을 할 수 없거나 일본에서 생산하기에는 경쟁력이 없던 사양산업이었습니다. 일본은 자국에서 쓸모없거나 효용이 다한 기술을 이전한 것에 불과했던 것이지요. 그런데도 산업화의 경험이 부족했던 한국기업에 일본의 기술은 매우 중요한 것이었습니다. 한국의 기술자들은 이를 빠르게 습득하여 경제적 도약을 할 수 있는 계기로 만드는 데 성공합니다. 결과적으로 이를 바탕으로 주력산업에서 일본을 빠르게 추격하는 데 성공하여, 세계를 깜짝 놀라게 합니다.

그런데 딜레마는 여기에서 비롯됩니다. 2005년 공개된 자료에 따르면 일본은 강제 동원된 피해자에게 개별적으로 보상하는 것을 제안했지만, 한국은 국가가 받겠다고 합니다. 물론 박정희 정권은 협상에 최선을 다했고, 그 결과 애초 일본이 의도한 8천만~1억 5천만 달러를 훨씬 넘는 금액을 받아내는 데 성공했습니다. 앞서 말했듯이 그 돈으로 한국경제가 도약할 기초를 닦았습니다. 일본에 강제징용된 사람들이 받아야 할 돈을 국가가 받아서 좋은 일에 사용했고, 결과적으로 국민의 삶을 개선하는 데 크게 기여했습니다.

그렇지만 피해자 개개인의 동의를 구하지 않았으므로 박정희 정권의 잘못 또한 명확하지요. 일본으로부터 마땅히 보상을 받아야 할 사람들은 아주 조금만 보상을 받고, 합당한 대가를 받지 못했습니다. 일본으로부터 받은 무상 3억 달러 중 조금만 피해자 보상에 사용되었다고 합니다. 물론 2005년 한일협정과 관련된 문서가 공개되면서 노무현 정부는 뒤늦게 피해자들에게 6천억 원의 보상금 지급에 착수합니다.

하지만 피해자들은 일본의 반인도적 불법 행위에 대한 위자료를 받지 못했습니다. 위자료란 불법 행위로 발생한 정신적 고통에 대해 금전적 책임을 묻는 것인데, 일본이 불법 행위를 인정하지 않았기 때문에 1965년에 타결된 한일협정에는 이 문제가 논의될 수 없었던 것입니다. 박정희 정권은 일본과의 협상을 통해 빈곤에서 벗어나는 것이 더 중요하다고 본 것이지요. 이런 이유로 과거사 청산문제가 상대적으로 소홀히 다루어질 수밖에 없었습니다.

▌ 2018년 주한일본대사관 앞에 설치된 평화의 소녀상.
일본에 강제동원된 위안부 여성들의 권리를 되찾아 주기
위해 세워졌다.

한일협정은 1965년에 끝난 사건이지만, 2018년 대법원이 일본기업의 반인도적 불법 행위에 대해 1억 원씩 위자료를 지급하라고 내린 판결을 둘러싸고 한국과 일본 사이에 첨예한 논란이 지금도 계속되는 것은 이런 이유 때문입니다. 1965년 박정희 정권이 맺은 한일협정은 옳은 것이었을까요? 잘못된 것이었을까요? 그로부터 50여 년이 지난 현재에는 어떻게 이 문제를 해결하는 것이 최선일까요?

베트남파병

박정희 정권은 한·일국교정상화를 추진하는 와중에 한·일국교정상화만큼은 아니지만, 국민에게 무척 비판받을 만한 중요한 사건을 또 하나 추진하기로 합니다. 베트남파병이 바로 그것입니다. 파병이란 해외에 군대를 보내는 것을 말하는데, 원래 베트남파병은 미국이 한국에 먼저 요구한 것이 아니라 1961년 11월 박정희가 미국을 방문하면서 케네디에게 먼저 제안합니다. 군사정권에 대한 미국의 지지를 얻기 위해 박정희는 미국이 원한다면 베트남에 파병할 수 있다고 먼저 얘기를 꺼냈습니다. 그렇지만 케네디는 이를 거부합니다. 당시만 하더라도 미국이 베트남에 직접 군사개입을 할 것인지, 말 것인지가 결정되지 않았기 때문입니다.

그런데 1963년을 지나면서 미국은 베트남에 대한 직접 군사개입을 고려하기 시작했습니다. 미국은 1964년 4월 사이가 좋은 우방국 25개 국가에 베트남 참전을 요청하는 다국적동맹캠페인을 시작하는데, 대다수 국가가 이를 거부했습니다.

당시 미국이 지원한 남베트남 정부는 친족 정치에 의한 부패와 독재정치를 일삼아 미국을 매우 곤란하게 만들었습니다. 반면 미국이 공산주의자로 의심했던 북베트남의 지도자 호찌민은 일본과 프랑스의 식민지배에 맞선 독립운동가 출신이었고, 자본주의와 공산주의 사이에서 제3의 길을 모색하면서 국민의 요구에 민감하게 대응했습니다. 이로 인해 북베트남은 물론 남베트남에서조차 많은 지지를 받았습니다.

이런 상황에서 영국은 베트남과 인접한 중국과의 관계 때문에 처음부터 베트남에 개입할 생각이 없었고, 베트남을 식민지배하던 프랑스는 이미 호찌민이 이끌던 독립투쟁 조직인 베트민과의 전투에서 패배하면서 베트남에서 철수한 상황이었습니다. 게다가 한국전쟁과 달리 침략자가 누구인지 불분명했기 때문에 지원을 호소하는 것이 매우 어려웠습니다. 결국 호주·뉴질랜드·필리핀·타이 등이 상징적 차원의 소수 병력을 파견하기로 합니다.

▮ 베트남에 파병된 우리나라 해병대

주요 우방국들이 참전을 꺼리자 베트남에 기꺼이 파병하겠다는 박정희 정권이 미국의 매우 중요한 파트너로 부상합니다. 뉴욕타임스의 폭로로 나중에 결국 거짓으로 들통이 나긴 했지만, 미국은 1964년 8월 미국 군함 매덕스

호가 북베트남의 어뢰 공격을 받았다는 소위 통킹만 사건을 계기로 베트남 전쟁에 본격적으로 개입합니다. 한국은 1964년 9월 의무반과 태권도 교관을 파견한 것을 시작으로 1973년 3월 철수할 때까지 총 325,000명을 파병합니다. 미국이 총 55만 명을 파병한 것을 고려하면, 한국이 얼마나 엄청난 규모의 병력을 보낸 것인지 여러분도 짐작할 수 있을 것입니다.

이처럼 국제사회가 외면했던 베트남파병에 박정희 정권이 적극적으로 나설 수밖에 없었던 이유는 파병을 통해 큰 경제적 이익을 얻을 것이라는 기대가 작용한 것이 사실이지만, 미국이 베트남에 깊이 개입하면서 한국에 주둔한 미군을 베트남으로 이동시킬 것이라는 두려움 역시 크게 작용했습니다. 물론 미국은 그렇지 않을 것이라고 여러 번 약속했지만, 박정희 정권은 미군이 한국 방위를 일본에 떠넘기고 언제든 철수할 수 있다고 판단하여 크게 두려워했습니다. 당시 한국군의 무장상태가 얼마나 열악했는지 여러분들은 상상이 되지 않겠지만, 우리나라는 미군 없이 자체적으로 북한에 맞서 싸울 수 있는 능력이 없었습니다. 물론 지금은 우리나라가 핵무기를 제외하면 북한보다 월등한 군사력을 가지고 있지만 말입니다.

박정희 정권은 미군 철수에 선제적으로 대응하기 위해 베트남파병을 적극적으로 제안했습니다. 물론 파병된 한국군에게는 미국의 무기가 제공될 것이기 때문에 한국군의 무장수준 또한 크게 키울 수 있을 것으로 여겼습니다. 실제 미국은 베트남파병의 대가로 한국군 현대화를 지원하고, 군사비 또한 지원했습니다.

박정희 정권은 군사적 지원 외에도 수출지향산업화를 위해 매우 중요한 지원을 미국으로부터 얻어냈습니다. 베트남에 파견된 한국군이 사용할 재화와 서비스뿐만 아니라, 미국이 베트남에서 진행하는 건설·구호 사업에 사용할 재화와 서비스 역시 가능하면 한국에서 구매하도록 협의한 것이지요. 결국 베트남 참전으로 한국은 1965~1973년 사이 약 2억 8,300만 달러를 베트남과의 무역에서 벌어들였고, 1965~1972년 사이 기업과 군인 및 노동자들이 받은 봉급과 보상금만 해도 약 7억 5,000만 달러에 달합니다.

또한 파병의 대가로 정부는 미국으로부터 좋은 조건에 차관을 도입했고, 미국이 한국을 확고히 지켜주겠다고 공약함에 따라 민간기업의 차관 도입에도 긍정적 영향을 끼쳤습니다. 이렇게 해서 1966~1972년 사이 정부가 약 11억 달러의 공공차관을 도입하였고, 19억 달러의 민간차관이 도입되어 총 30억 달러의 외자가 마련됩니다. 이 돈은 베트남파병으로 얻은 10억 달러와 함께 발전, 철도, 고속도로 등에 투자되어 한국경제의 도약에 크게 이바지합니다.

▌ 베트남전쟁 때 고엽제를 살포하던 미군 헬리콥터

바로 여기에서 베트남 참전의 딜레마가 또다시 등장합니다. 여러분들도 잘 아는 것처럼 베트남전쟁은 1973년 미군이 철수하기까지 어마어마한 사상자를 냅니다. 약 58,000명의 미군과 한국군 5,000명가량이 전사하지만, 베트남 사람들은 약 300만 명이 사망합니다. 1994년 베트남 정부가 밝힌 자료에 따르면, 북베트남군이 100만 명, 남베트남은 군인과 민간인을 포함하여 200만 명이 사망했다고 하며, 미군이 밀림의 나무를 죽이기 위해 대량으로 살포한 농약의 일종인 고엽제의 후유증으로 약 200만 명이 고통을 겪고 있다고 합니다. 고엽제가 인체에 치명적인 독성을 가졌다는 사실이 나중에 드러나는데, 참전했던 한국군 역시 후유증으로 괴로워하고 있습니다.

이에 대해 우리 정부는 1998년 김대중 대통령이 처음 유감을 표명했고, 2004년 노무현 대통령이 다시 이를 언급했으며, 문재인 대통령이 2018년 재차 유감을 표명합니다. 베트남은 한국 정부의 진심을 믿는다고 말했지만, 오히려 불행한 과거를 한국이 다시 꺼내는 것을 부담스러워합니다. 베트남은 어쨌거나 승전국이라는 것이지요. 이와 같은 베트남 정부의 태도 덕분에 한국군 참전이 야기했던 문제가 많이 가려졌다고 볼 수 있습니다.

딜레마를 정리하면 이렇습니다. 베트남전쟁 또한 한국이 경제적으로 도약할 중요한 계기를 마련해준 사건입니다. 미군이 한국에서 철수할 수 있다는 두려움 때문에 참전하지 않을 수 없는 측면도 있지만, 이런 이유로 한일협정만큼은 아니더라도 온갖 비난을 받으면서도 참전을 강행했습니다. 그 덕에 지금 우리는 잘살고 있습니다. 베트남에 참전한 군인들 역시 죽느냐, 사느냐의 갈림길에서 달러를 벌어와 경제발전에 크게 기여했습니다. 각자 자기 역할에 모두 충실했습니다. 그렇지만 베트남 사람들은 정말 많이 죽었습니다.

여러분이라면 어떤 결정을 내렸을까요?

은행국유화와 외자배분

이처럼 박정희 정권은 경제개발에 필요한 돈을 한·일국교정상화와 베트남파병을 통해 해결할 수 있었습니다. 그렇지만 투자에 필요한 돈이 마련되었다고 해서 경제개발이 바로 성공할 수 있는 것은 아닙니다. 인도네시아, 필리핀과 같은 나라들은 우리나라보다 먼저 일본으로부터 전쟁배상금을 받았지만, 그렇다고 경제개발에 성공한 것은 아닙니다. 경제개발에 성공하기 위해서는 국가가 이 돈을 산업정책에 따라 효과적으로 사용할 역량이 있어야 합니다.

수출지향산업화를 한다고 했을 때, 실제로 기술을 개발하여 수출하는 것은 국가가 아니라 기업입니다. 이런 이유로 산업정책이 성공하려면 첫째, 국가가 산업정책을 잘 만들어야 합니다. 둘째, 기업이 국가의 산업정책에 따라 투자할 수 있도록 만들어야 합니다. 셋째, 정부가 원하는 성과를 기업이 만들 수 있도록 강제할 수 있어야 합니다. 이 세 가지 능력을 국가가 보유해야 경제개발에 성공할 수 있습니다.

이를 조금 더 설명해 보겠습니다. 당장 돈을 벌 수 있는 분야라면 기업이 알아서 잘합니다. 이런 일은 굳이 국가가 나설 필요가 없습니다. 국가의 산업정책은 당장 돈이 되지는 않지만 미래의 국가발전을 위해 중요한 분야이거나 민간기업 혼자 감당하기에는 돈이 많이 드는 분야를 대상으로 합니다. 이런 분야에 기업이 투자할 수 있도록 유도하면서 동시에 성과를 강제할 수 있는 능력을 국가가 가질 때, 산업정책이 성공할 수 있습니다.

이와 관련하여 박정희 정권은 은행국유화와 달러 도입에 관한 허가정책을 통해 두 번째와 세 번째 능력을 획득했습니다. 국유화란 국가가 사실상 소유권을 갖는 것인데, 우선 은행국유화부터 살펴보겠습니다. 원래 미 군정으로부터 은행을 넘겨받을 당시만 하더라도 은행 주식의 70퍼센트 이상을 정부가 소유했기 때문에 은행의 주인은 당연히 국가였습니다. 그렇지만 여러 시기에 걸쳐 주식을 팔았고, 이 주식을 재벌이 사들이면서 1957년이 되면 재벌이 사실상 은행대출을 좌우합니다.

▌ 한국은행

이 상황에서 5·16군사정변으로 정권을 빼앗은 박정희는 재벌의 은행 주식을 몰수한 뒤 민간 대주주의 의결권을 제한하고, 한국은행을 재무부 산하에

두어 사실상 정부가 은행을 통제할 수 있도록 했습니다. 이후 박정희 정권은 은행법을 개정하여 정부가 요구하는 장기개발사업에 은행이 대출할 수 있도록 조치합니다.

여러분은 은행국유화가 왜 그렇게 중요한 것인지 현재 시점에서 보면 잘 이해되지 않을 수 있습니다. 현재 우리나라는 시중에 돈이 흘러넘쳐서 은행 이자율이 매우 낮습니다. 그렇지만 당시엔 그렇지 않았습니다. 은행에서 돈을 빌리려는 사람들은 많았지만, 은행은 이를 감당할 수 있을 정도의 돈이 없었습니다. 앞서 화폐개혁에서 언급했듯이 당시에는 한국이 가난했기 때문에 국민들의 저축을 통해 은행에 예금된 돈만으로는 투자에 필요한 돈을 마련할 수 없었습니다. 국내저축을 늘리기 위해 1965년에는 예금 이자율을 연 16.8퍼센트에서 30퍼센트로 크게 늘렸음에도 투자에 필요한 돈을 마련할 수 없었습니다.

이런 상황에서 박정희 정권은 은행을 국유화하여 선택과 집중의 원리에 따라 은행대출을 정부가 원하는 분야에 집중시키려 했던 것입니다. 대출이란 은행이 돈을 빌려주는 것인데, 정부 정책에 따라 1960년대 후반이 되면 은행 대출의 약 50퍼센트 이상이 장기 설비자금에 사용됩니다. 물론 시중에 돈이 부족한 상태에서 정부가 수출 관련 분야 기업에 돈을 집중시켰기 때문에 상대적으로 개인과 작은 기업들의 경우에는 은행에서 돈을 빌리기가 매우 어려웠습니다. 산업정책으로 이익을 보는 집단이 있으면 당연히 손해를 보는 사람들이 발생할 수밖에 없었으니까요.

정부가 의도한 방향으로 은행대출을 유도했지만, 국내 은행의 대출만으로는 경제개발에 필요한 돈을 마련할 수 없었습니다. 앞서 살펴보았듯이 박정희 정권은 한·일국교정상화와 베트남파병을 통해 부족한 재원의 상당 부분을 해결했습니다. 두 사건을 통해 외국에서 많은 돈을 빌려오고, 달러를 획득했지요.

이처럼 외국에서 빌려온 달러가 국내 투자에서 매우 중요한 역할을 하자, 정부가 기업에 대해 막강한 영향력을 행사하게 됩니다. 현재 삼성이나 현대기아차는 세계적인 기업이기 때문에 해외에서 쉽게 돈을 빌릴 수 있지만, 당시만 하더라도 그렇지 못했습니다. 당시엔 우리나라의 어떤 기업도 외국에서 스스로 달러를 빌릴 능력이 없었습니다. 이런 이유로 정부는 민간기업이 빌리는 달러에 대해 만약 민간기업이 빌린 돈을 갚지 못하면, 정부나 은행이 대신 갚아주겠다는 제도를 만듭니다. 이를 정부지불보증제도라고 합니다.

기업으로서는 국내 은행에서 돈을 빌리는 것보다 정부지불보증제도를 통해 달러를 빌리는 것이 훨씬 더 좋았습니다. 당시 국내 은행의 경우 돈은 없는데 빌리려는 사람들이 많다 보니 이자율이 25퍼센트 내외에 이를 정도로 매우 높았습니다. 그렇지만 해외엔 달러가 흘러넘쳤기 때문에 이자율이 7퍼센트 정도밖에 되지 않았습니다. 국내외 간 이자율 차이가 어마어마했기 때문에 달러를 빌릴 권리를 국가로부터 획득하는 것 자체가 기업에 엄청난 경제적 이익을 가져다주었습니다. 앞서 말한 바 있었듯이 당시 물가상승을 고려하면 사실상 공짜로 돈을 빌리는 것이나 다름없었습니다.

이런 이유로 기업이 해외에서 달러를 빌리려면 정부가 원하는 방향으로 투자를 하고, 원하는 성과를 달성해야만 했습니다. 만약 이를 어기면 엄청난 혜택을 놓치기 때문에 기업은 필사적으로 정부가 설정한 목표를 달성해야 했습니다. 다시 말해 민간기업은 박정희 정권의 강요 때문에 어쩔 수 없이 정부의 말을 들은 것만은 아닙니다. 산업정책에 동참할 경우 박정희 정권이 엄청나게 싼 이자율로 돈을 빌릴 수 있는 혜택을 주었기 때문에, 이 혜택을 노려서 국가가 설정한 산업정책에 참여한 것이지요.

중화학공업화

은행국유화와 달러를 빌릴 수 있도록 하는 허가권이 얼마나 큰 위력을 가졌는가는 박정희 정권이 1970년대에 추진한 중화학공업 육성 정책에서 극명하게 나타납니다. 박정희 정권은 1962년에 시작된 수출지향산업화를 한 단계 더 업그레이드하는 결단을 1973년에 단행합니다. 경공업에서 중화학공업으로의 급격한 전환을 시행한 것입니다. 중화학공업이란 부피에 비해 무게가 많이 나가는 제품과 화학제품을 만드는 제조업을 가리키는 것으로, 금속·기계·석유화학·자동차산업 등이 여기에 속합니다. 박정희 정권은 1973년 3월 철강, 비철금속, 조선, 기계, 전자, 화학산업을 집중적으로 육성하겠다고 발표합니다. 이를 통해 1980년대 초에 수출 100억 달러, 1인당 국민소득 1,000달러를 달성하겠다는 목표를 세웠습니다.

경공업에서 중화학공업으로의 전환은 노동집약적 경공업 중심의 발전전략이 갖는 한계로 인해 성장률이 하락하는 문제를 해결하기 위해 불가피한 일이었습니다. 태국, 말레이시아, 인도네시아와 같은 국가가 경공업에서 주목을 받기 시작했기 때문입니다.

그렇지만 당시 재벌기업들조차 기술이 축적되지 않았기 때문에 전자·조선산업과 같은 노동집약적 중화학공업 정도만 가능한 것으로 평가했습니다. 재벌기업의 평가와 달리 박정희 정권은 철강·기계·자동차·화학산업 등과 같이 돈과 기술이 많이 요구되는 산업을 동시에 육성하는 급격한 전환 정책을 제시했습니다.

▌동양 최대의 석유화학단지인 여수국가산업단지

박정희 정권의 이런 결정은 무엇보다도 나라를 지키는 데 필요한 무기를 생산할 방위산업 육성의 필요성이 절실했기 때문입니다. 무기를 만들려면 전자나 조선산업 같은 노동집약적 중화학공업 이외에도 철강·비철금속·기계공업 등의 육성이 필수였습니다.

왜 갑자기 무기가 필요했을까요? 1960년대 말부터 우리나라 안보환경이 크게 바뀝니다. 1968년 1월 무장공비가 청와대에 침입하고, 미국의 정보수집함 푸에블로호가 동해에서 북한에 나포됩니다. 같은 해 11월 130여 명의 무장공비가 울진·삼척에 침투하였고, 1970년 6월에는 북한의 무장특공대가 현충일 행사에서 정부 요인을 암살하려다 실패한 사건이 발생합니다. 여기에다 베트남전쟁에서 미국의 패배가 짙어지는 와중에, 1969년 닉슨 미국 대통령은 한국 스스로 안보를 책임지라고 요구하고, 1971년 미군 2만 명을 철수시킵니다.

▌ 동해에서 북한에 나포되었던 푸에블로호

　무엇보다 미군 철수에 깜짝 놀란 박정희는 방위산업을 서둘러 발전시키려 합니다. 미국은 주한미군이 철수하더라도 북한의 침략으로부터 한국을 지켜주 겠다고 약속했지만, 박정희는 주한미군이 철수하는 것에 대비하여 스스로 국 방을 지킬 능력을 갖추어야 한다고 판단했습니다. 문제는 당시 한국은 미군이 사용하던 M16이라는 소총조차 스스로 만들 수 있는 기술이 없었고, 중화학공 업화를 위해 필요한 막대한 돈을 조달할 방법 역시 요원했다는 것입니다.

　당시 박정희는 무기생산에 특화된 공장을 당장 세우기를 원했지만, 미국 의 지원으로 콜트사의 M16 소총을 만드는 공장을 설립하여 1972년 완공한 것에 만족해야 했습니다. 박정희는 1970년 무기생산에 핵심적인 4개 공장을 만들기 위해 일본에서 돈을 빌리려 했지만, 일본은 경제성이 없다며 이를 거절합니다. 박정희 정권은 무기를 만들기 위한 목적을 감추고, 중공업 공장을 짓는 데 필요한 돈이라고 말했지만, 일본은 공장을 지어도 돈을 벌 가능성이 별로 없다면서 돈을 빌려줄 수 없다고 통보합니다. 경제성이 없다는 말은 결국 돈을 벌 가능성이 희박하다는 뜻이기 때문에, 자기들이 빌려준 돈을 되돌려 받기 어렵다고 판단한 것이지요.

박정희 정권은 다른 방법을 모색할 수밖에 없었는데, 그게 바로 중화학공업화를 통한 방위산업 육성전략입니다. 무기생산만 하는 공장을 만드는 것이 아니라, 민간을 위한 제품과 무기용 부품을 같이 생산하는 공장을 만든다는 것이지요. 평상시에는 주로 민간에서 사용하는 제품에 주력하고 무기용 부품을 제한적으로 만들다가, 전쟁이 발발하면 무기생산에 전념하는 공장으로 전환한다는 것이지요. 한 개 공장에서 무기를 만드는 데 필요한 모든 것을 생산하는 것이 아니라 공장별로 분산시켜 부품을 만든 후 조립함으로써, 무기만 생산하는 공장을 만들 때 발생할 수 있는 경제적 부담을 덜고자 했습니다.

그런데 중화학공업화가 성공하려면 어디에선가 돈과 기술이 들어와야 합니다. 경공업은 노동력이 주를 이루기 때문에 돈과 기술에 관한 부담이 작지만, 중화학공업은 돈도 많이 들고 상당한 수준의 기술력 역시 필요합니다. 박정희 정권은 일본에서 사양화된 경공업을 받아들였듯이, 기술 수준이 상대적으로 낮거나 환경오염문제로 일본에서 운영하기에는 부담스러운 사양산업을 받아들이면 중화학공업에서도 성공할 수 있다고 판단했습니다.

또한 중화학공업의 안정적 성공을 위해 모든 중화학공업을 육성하는 것이 아니라 가장 성공 가능성이 크면서도 다른 산업에 미치는 영향이 큰 6개 분야를 우선 선정하여 집중적으로 지원하려 했습니다. 그게 바로 앞서 말했던 철강·비철금속·기계·조선·전자·화학산업입니다.

이들 산업을 육성하기 위해 1973년 계획한 전체 필요 자금 96억 달러 중 60퍼센트에 해당하는 58억 달러를 외국에서 빌릴 계획이었는데, 대부분을 일본에서 빌려올 수 있다고 판단했습니다. 어차피 일본에서 생산하기에는 경쟁력이 없고 공해문제로 부담스러운 산업이기 때문에 기술이전 역시 받을 수 있다고 판단하고, 일본에 지원을 요청합니다.

또한 이들 산업의 규모를 키워 처음부터 수출산업으로 육성하려 합니다. 업종별로 관련 공장을 한 장소에 모아 거대 규모의 공장을 만들기 위해 대규모 공업단지를 조성하려 했지요. 이렇게 해서 만들어진 것이 바로 창원국가산업단지입니다.

▎ 첨단기계공업단지를 지향하는 창원국가산업단지

그런데 박정희 정권의 의도와 달리 처음엔 기업이 잘 움직이지 않았습니다. 대기업만 하더라도 부채가 많았기 때문에 오랜 기간 많은 돈을 투자해야 하는 중화학공업에 도전하는 것을 부담스러워했습니다. 기술과 돈, 어느 것도 준비가 미흡했기 때문에 정부가 낮은 이자율로 장기에 걸쳐 돈을 지원해 주겠다고 했음에도 처음에는 중화학공업에 투자하는 것을 꺼립니다. 예컨대 창원국가산업단지에 대해 대기업조차 돈도 부족할 뿐만 아니라 공장이 건설되더라도 이를 정상적으로 가동할 기술이 없으므로 무모한 계획이라고 판단했습니다. 이런 이유로 1974년까지 27개 기업만이 창원국가산업단지에 입주했습니다.

박정희 정권은 중화학공업에 대한 투자를 독려하기 위해 한편으로 대기업을 지정하여 투자에 동참할 것을 강력히 요구하고, 다른 한편으로는 정부 정책에 동참할 경우 실적과 무관하게 기업 투자에 필요한 자금을 조달하는 데 큰 혜택을 받게 될 것이라고 회유합니다. 즉 대기업이 감당할 수 없을 만큼 큰 투자를 요구하는 중화학공업의 특성을 고려하여, 일단 정부 정책을 따르기만 하면 기업이 돈 때문에 어려워지는 일이 없도록 정부가 뒤를 봐주겠다는 것이지요. 물론 이것이 가능했던 이유는 앞서 말한 바와 같이 은행을 국유화하여 정권의 의도대로 자금지원을 단행할 수 있었기 때문입니다.

이렇게 해서 1975년부터 1979년까지 전체 은행대출에서 정책금융이 53퍼센트에서 63퍼센트까지 증가합니다. 특히 해외에서 달러를 빌릴 수 있도록 허가함으로써 중화학공업화에 동참하는 대기업에 엄청난 혜택을 선사했습니다. 앞서 말했듯이 달러를 빌리는 이자율이 국내 은행이자율보다 엄청나게 낮았기 때문에, 달러를 빌릴 수 있다는 것은 기업에 엄청난 혜택이었습니다.

이런 혜택을 집중시키자 기업들 역시 혜택을 받기 위해 자발적으로 중화학공업화 정책에 협조하기 시작했습니다. 특히 공단부지 조성이 1975년 신속하게 완료되고 중화학공업화에 대한 정부의 의지가 굳건하다는 것이 명확하게 드러나자, 기업의 태도가 변했습니다. 이렇게 해서 1977년까지 대기업 대부분이 공단에 입주하였고, 1978년에는 중소기업 역시 창원공단에 참여합니다. 결국 1973년부터 1979년까지 제조업에 대한 투자 중 75퍼센트 이상을 중화학공업이 차지합니다.

- 이승만, 장면, 박정희 정권 모두 경제개발계획을 수립하였고, 1962년부터 실행되었다.
- 화폐개혁의 실패와 흉작으로 고전하던 박정희 정권은 공산품 위주의 수출 지향산업화로 전략을 수정했다.
- 한·일국교정상화와 베트남파병은 경제개발 자금을 안겨주었지만, 관련 피해자 보상에 소홀하여 아직 논란이 여전하다.
- 박정희 정권은 은행을 국유화하고 외자도입을 통해 국내 기업을 지원하는 방식으로 중화학공업을 육성하였다.

3장 도약 2: 한국주력산업의 성공과 불평등

박정희

정권의 중화학공업에 대한 투자가 매우 급속하게 진행되었기 때문에 좋은 일만 있었던 것은 아니었습니다. 중화학공업에 투자하기 위한 돈을 외국에서 많이 빌려왔지만, 제품을 생산하여 이윤을 획득하기까지 시간이 걸리는 중화학공업의 특성 때문에 외국에서 빌려온 빚이 눈덩이처럼 쌓여갑니다. 그래서 1970년 22억 달러에 불과했던 외채가 1980년에는 271억 달러로 급증했습니다.

또한 중화학공업에서 요구되는 기술보다 우리 기업의 기술 수준이 매우 낮았기 때문에 초기에는 공장을 가동하기도 어려웠습니다. 이런 문제에 대응하여 정부는 기업에 빠르게 기술을 습득하여 생산능력을 키울 것을 강제했습니다.

결과적으로 이에 적극적으로 동참하여 스스로 혁신역량을 키워나간 기업만 살아남았고, 1997년 외환위기를 거치면서 살아남은 기업들이 현재 우리 사회의 주력을 형성했습니다. 철강·자동차·전기·전자·조선·화학 등과 같은 산업에서 우리 사회의 주력기업들은 1997년 외환위기를 겪었음에도, 2000년을 전후하여 세계적 기업으로 성장합니다. 물론 산업마다 약간의 차이가 있지만 말입니다.

▌ 2011년 준공한 금호석유화학의 세 번째 합성고무공장인 여수고무제2공장

　이처럼 1970년대에 시작된 중화학공업을 바탕으로 현재 우리 사회의 주력 기업이 세계적 기업으로 도약하는 것을 제2의 도약이라고 부르고자 합니다. 제1의 도약이 가장 가난한 개발도상국에서 중진국으로의 도약이라면 제2의 도약은 중진국에서 주요국으로의 도약을 의미합니다. 개발도상국에서 경제 개발을 시작한 많은 국가가 싼 노동력을 기반으로 초기 산업화에 성공하지만, 한국과 대만을 제외한 대다수 국가는 성장이 정체되어 소득이 증가하지 않는 중진국 함정에 빠지게 됩니다.

　중진국 함정이란 오랫동안 미국 1인당 소득의 20~30퍼센트 수준을 벗어나지 못하는 것을 가리키는 단어인데, 혁신을 위해 열심히 노력한 한국과 대만만이 1990년대에 고소득국가가 되면서 중진국 함정을 벗어났습니다. 중진국 함정에 빠진 대부분 나라의 경우 연구개발투자가 제대로 진행되지 못했지만, 한국과 대만은 달랐습니다. 한국의 경우 GDP에서 연구개발투자비가 차지하는 비중이 2017년 기준 4.55퍼센트를 차지하여 세계 1위를 기록했고, 연구개발투자에 들어간 돈의 크기만 따지면 세계 5위에 해당할 정도로 많습니다.

물론 한국은 1995년 1만 달러의 소득 수준을 달성하여 1996년 주요국 클럽인 경제협력개발기구(OECD)에 가입하지만, 1997년 외환위기 때문에 6천 달러까지 떨어집니다. 그렇지만 2000년에 다시 1만 달러로 회복하였고, 2018년엔 3만 달러에 육박합니다. 한국의 주력산업이 세계시장에서 크게 성공하면서 소득이 많이 증가한 것이지요.

그런데 주력산업의 성공은 역설적으로 한국 사회에 소득불평등을 증가시키는 계기가 됩니다. 우선 주력산업의 성공은 그렇지 못한 산업과 큰 소득 격차를 발생시킵니다. 둘째, 주력산업 간에도 대기업과 대기업에 부품 및 재료를 납품하는 중소기업 간에 큰 소득 격차가 발생합니다. 셋째, 1997년 외환위기를 계기로 우리 사회에 비정규직 일자리가 급증하면서, 안정적인 일자리를 가진 정규직 노동자들과 그렇지 못한 비정규직 노동자들 간에 소득불평등이 증가합니다.

한국 주력산업의 성공이 소득불평등을 증가시키는 다소 역설적인 상황이 1997년 외환위기를 겪으면서 발생한 것입니다. 이 문제는 현재 우리 사회가 해결해야 할 가장 큰 과제입니다.

이하에서는 한국의 주력산업이 어떤 경로를 거쳐 세계적 기업으로 성장했는가를 추적하고자 합니다. 한국의 주력산업 중 대표 업종인 자동차·반도체·철강산업의 대표기업을 중심으로 한국 주력산업이 어떤 방법을 통해 선진메이커 추격에 성공하는지를 살펴보겠습니다.

자동차산업: 현대자동차의 추격과 Top 5

자동차산업은 2018년 현재 현대기아차가 세계시장에서 740만 대를 판매하여 세계 5위를 차지하고 있는 대표적인 한국의 주력산업입니다. 1997년 외환위기를 계기로 대우자동차, 삼성자동차, 쌍용자용차가 해외에 매각되면서 완성차를 생산하는 한국의 독자 브랜드는 기아자동차를 인수한 현대기아차가 유일합니다. 외환위기를 계기로 현대자동차가 기아자동차를 인수한 것이지요. 현대기아차는 2019년 1~5월까지 국내시장 점유율 70퍼센트 이상을 차지하는 국내시장의 강자이기도 하며, 후발 자본주의 국가에서 출발하여 세계 자동차 시장의 강자가 된 유일한 기업이기도 합니다.

▌ 현대자동차 대리점

현대자동차가 세계 자동차 시장의 강자로 발돋움하는 데에는 중화학공업에 대한 정부의 지원이 큰 역할을 합니다. 정부는 자동차 국산화 비율에 따라 달러를 빌릴 수 있도록 하여 자동차부품 국산화에 전력을 다하도록 유도하였고, 생산설비를 확대하기 위해 은행에서 돈을 쉽게 빌릴 수 있도록 지원하였으며, 세금을 깎아주기도 했습니다.

1973년 자동차공업 장기진흥계획을 세워 생산비용이 2,000달러 정도인 1,500cc 이하 독자 소형차를 1975년까지 생산하여 국민차로 보급하고, 연 5만 대 생산능력을 갖추도록 요구합니다. 자동차산업이 성장하기 위해서는 5만 대 정도의 규모를 가져야만 한다고 판단했기 때문입니다. 정부는 이를 통해 1976년 이후 국내수요의 80%를 충족시킬 계획이었는데, 세금감면, 국내시장보호, 금융지원 등을 포함한 7가지 지원 원칙까지 제시합니다. 이런 이유로 기업은 최선을 다해 자동차를 개발해야 했습니다.

추격 전략: 기술도입과 모방

이처럼 현대자동차가 성장하는 데 정부가 중요한 역할을 한 것은 맞지만, 현대자동차가 세계적 기업으로 성장할 수 있었던 것은 다른 기업과 확연히 구별되는 현대자동차 특유의 혁신역량 강화를 위한 노력이 있었기 때문입니다.

정부의 저가 소형승용차 생산계획에 참여할 때부터 현대자동차는 다른 국내 메이커와 차별화된 접근법을 가집니다. 다른 국내 메이커가 외국에서 만들어진 모델을 그대로 도입했다면, 현대자동차는 차체 설계는 이탈리아의 이탈디자인, 엔진·변속기 등 핵심 부품과 플랫폼에 대한 설계도면은 일본 미쓰비시에서 도입하여 1975년 최초의 독자 모델 포니를 개발합니다.

간단하게 자동차 용어를 설명하면, 엔진은 연료를 넣어 자동차가 움직일 힘을 만들어 내는 부품을 말합니다. 변속기란 트랜스미션이라고도 불리는데, 톱니바퀴 여러 개를 이용하여 엔진에서 발생한 힘을 자동차 속도에 따라 회전력이 다르도록 바퀴에 전달하는 부품을 말합니다. 출발할 때는 힘을 키우는 대신 회전 속도를 낮추고, 주행할 때에는 힘을 낮추고 회전 속도를 높여주는 기능을 담당합니다. 자전거를 살 때 흔히 '이 자전거 몇 단 기어에요?'라고 물어보는 부품을 생각하면 됩니다. 플랫폼이란 자동차의 바탕이 되는 기본 골격을 말합니다. 흔히 모양이 다른 데도 플랫폼이 같다는 말을 많이 하는데, 차체 바닥부터 각종 주요 장치들은 같은데, 외관만 다른 자동차라는 뜻입니다. 껍데기를 뜯어 놓으면 같은 자동차라는 것이지요.

자동차 설계능력과 핵심 부품에 관한 기술이 없었기 때문에 외국에서 기술을 도입해야만 했지만, 한 기업에 모든 것을 의존하지 않고 일부러 여러 기업에서 기술을 도입했습니다. 부품을 조정하여 전체를 종합하는 것은 현대자동차의 몫이었는데, 당시 현대자동차는 그럴 능력이 없었습니다. 이런 이유로 현대자동차는 영국 레이랜드 자동차회사의 전직 부사장과 영국 기술자를 고용하여 각각의 부품을 통합하면서 발생하는 시행착오를 최소화했습니다.

현대자동차가 이런 전략을 선택한 것은 추가적인 비용과 모험이 동반될 수밖에 없는 선택이었지만, 모험을 통해 만들어진 위기상황이 기술자들의 집중력과 노력을 배가시켜 기술을 빠르게 습득할 수 있다고 판단했기 때문입니다. 현대자동차 기술자들은 이탈디자인에도 파견되었는데, 이들은 아파트에서 합숙하면서 낮에 배운 내용을 토론을 통해 빠르게 습득했다고 합니다. 나중에 이들은 귀국하여 설계부서에서 핵심적인 역할을 담당합니다.

러시아 상트페테르부르크에 있는 현대자동차 공장

이처럼 국내 다른 메이커가 해외에서 개발된 자동차를 그대로 도입하여 생산만 담당했었던 것에 비해, 현대자동차 기술자들은 자동차개발 과정에 직접 참여하여 기술을 축적할 수 있었습니다. 기술개발에 적극적이었던 덕택에 현대자동차는 국내시장 1인자가 됩니다. 그렇지만 현대자동차 최초의 독자 모델 포니는 미국 배기가스 기준을 통과하지 못할 정도로 기술적 한계가 뚜렷했습니다. 생산 규모 또한 연 5~10만 대에 불과해 가격경쟁력 또한 갖출 수 없었습니다.

이에 현대자동차는 1981년 미쓰비시와 엔진 및 배기통제 등에 대한 기술제휴를 통해 연 30만대 규모의 소형승용차를 개발하여 미국 시장에 진출하려 합니다. 이번에도 차체 디자인은 이탈디자인에서 담당합니다. 이탈디자인, 미쓰비시에서 기술을 도입한 것과 함께 1985년 소형승용차 엑셀이 개발되기까지 해외에서 총 54개의 기술을 도입했습니다. 생산능력 역시 연 45만 대로 확장하는데, 포니를 개발하던 때와 마찬가지로 핵심기술은 해외에서 도입했지만, 각각의 기술을 통합하여 조정하는 것은 현대자동차가 담당합니다.

이렇게 해서 개발된 엑셀은 1986년 미국에 진출한 첫해 168,882대를 수출하였고, 다음 해에는 263,610대를 수출하여 그해 미국에서 수입된 차 중에서 가장 많이 판매될 정도로 크게 성공했습니다. 엑셀이 성공한 원인은 1980년대 중반 미국이 일본 자동차 수입을 제한하면서 소형자동차 시장에 기회의 창이 열렸기 때문입니다. 수출 대수에 제한이 생기면서 일본 자동차기업은 이윤이 많이 남는 중형자동차로 전환할 수밖에 없었기 때문에 미국 소형자동차 시장에 현대자동차가 진입할 틈새가 만들어진 것입니다. 현대자동차는 주어진 기회의 창을 잘 활용하여 '엑셀 신화'를 만들어 낸 것이지요.

▌ 현대자동차의 소형승용차인 엑셀

그렇지만 이때까지만 해도 현대자동차는 세계적인 자동차메이커보다 여전히 기술 수준이 바닥이었기 때문에, 품질문제가 발생하면서 브랜드 이미지에 큰 타격을 받습니다. 미국에서 소득이 낮은 사람들이 타는 차로 낙인이 찍힌 것이지요. 노골적으로 말하면 고장 잘 나는 싸구려 차라는 것이었습니다.

패러다임 전환과 창조적 혁신

미국 시장에서의 경험은 독자 기술능력을 확보하기 위해 더 과감한 연구개발투자로 이어졌습니다. 현대자동차는 이탈디자인처럼 특정 분야에 전문화된 해외기업과의 관계에서는 기술을 빠르게 배울 수 있었지만, 미쓰비시와의 관계에서는 제대로 기술을 배울 수 없었습니다. 이탈디자인은 현대자동차와 직접적인 경쟁자가 아니었지만, 미쓰비시는 현대자동차와 경쟁 관계에 있는 자동차기업이었기 때문에, 구형 엔진·변속기에 관한 설계도면만 제공할 뿐 이와 관련된 기술을 가르쳐주지 않았습니다.

엔진은 고도의 과학기술을 요구하는 핵심 부품이었기 때문에, 구형일지라도 엔진 도면을 해외에서 가져온다고 해서 만들 수 있는 것이 아닙니다. 다른 차량을 개발하기 위해 설계를 변경하더라도 원래 성능이 나와야 하는데, 엔진에 관한 기술이 없었으므로 이를 수행할 능력이 없었습니다.

이런 이유로 현대자동차는 더는 미쓰비시에 의존하지 않고, 독자 엔진을 개발하고자 합니다. 독자 엔진 설계능력 없이 세계시장에서 선진메이커와 경쟁할 수 없다고 판단한 것입니다. 현대자동차는 스스로 엔진을 개발하여 기술자립을 달성하겠다는 모험을 겁니다.

그런데 현대자동차가 이런 결정을 할 당시 엔진기술에서는 큰 패러다임의 전환이 발생하고 있었습니다. 기화기 방식에서 전자제어식으로 엔진의 패러다임이 변하고 있었습니다. 기화기란 연료와 공기를 일정 비율로 만들 수 있는 장치를 말하는데, 배기가스 규제가 강화되면서 더는 이 방식을 사용하는 것이 어려워진 것입니다. 대신 센서를 부착하여 자동차의 상태에 따라 적절하게 공기와 연료의 양이 조절되는 방식으로 바뀌고 있었습니다. 이를 전자제어식 엔진이라고 합니다.

현대자동차는 엔진기술 패러다임 변화를 선진메이커를 추격하기 위한 기회로 활용했습니다. 엔진 패러다임의 변화에 따라 기화기 방식의 엔진을 개발하지 않고, 바로 전자제어식 엔진을 개발하고자 합니다. 선진메이커가 걸어간 길을 그대로 따르지 않고, 과거 과정을 뛰어넘는 것이 선진메이커를 추격하는 데 훨씬 시간을 훨씬 줄일 수 있다고 판단한 것입니다. 현대자동차는 이를 알파엔진이라고 이름 붙였습니다.

▌ 현대자동차의 알파엔진

알파엔진을 개발하기 위해 현대자동차는 석사급 이상 연구원을 보강하여 마북리연구소를 만든 뒤 이를 전담하게 했습니다. 미쓰비시 엔진을 사용할 때에는 문제를 미쓰비시가 해결했다면, 이제는 문제의 원인을 찾아 분석한 뒤 창조적인 해결책을 만들어야 하는데, 이를 위해서는 기존 조직과 구별되는 전문 역량을 지닌 연구인력으로 시작하는 것이 더 낫다고 본 것입니다.

물론 그렇다고 현대자동차 독자적인 힘만으로 알파엔진을 개발하지는 않았습니다. 개발 초기에는 영국 리카르도사의 기술에 의존했습니다. 리카르도사가 초기 엔진개발을 담당하되, 현대자동차 연구인력이 참여하여 이를 배울 수 있도록 한 것이지요. 리카르도사에서 배운 지식을 바탕으로 현대자동차가 엔진을 개발하면 리카르도사가 이를 검토해주는 방식이었습니다. 선진국에는 엔진을 설계해주는 리카르도사와 같은 기업들이 여럿 있었는데, 현대자동차는 이들 기업 간 경쟁 관계를 활용하여 기술학습에 유리한 협상 조건을 확보했습니다.

그렇지만 독자적으로 최첨단 엔진을 개발하는 것은 쉬운 일이 아니었습니다. 미국 자동차회사 크라이슬러와 GM에서 엔진 개발 경험이 있는 2명의 전문가까지 고용했지만, 엔진 관련 축적된 기술이 없었기 때문에 14개월 동안 수많은 시행착오를 반복해야 했습니다. 처음에는 엔진 견본을 만들 때마다 실패하여 매주 다시 만들어야 했는데, 왜 안 되는지 이유조차 알 수 없었다고 합니다. 엔진 디자인이 288번이나 바뀌고, 97개의 테스트 엔진을 만들고 나서야 리카르도사가 만든 것과 전혀 다른 엔진 개발에 마침내 성공합니다.

1992년에 개발 완료된 알파엔진은 시속 100km에 이르는 데 11.1초가 걸렸는데, 이는 일본 혼다자동차의 CRX3V의 11.3초보다 우수하였고, 연료 효율성 또한 뛰어났습니다. 뒤이어 현대자동차는 알파엔진과 유사한 방식으로 오스트리아 AVL사의 기술 도움으로 감마엔진이라고 이름 붙인 엔진 개발에 성공합니다. 그리고 마침내 DOHC형 알파엔진과 베타엔진에 이르면 온전히 현대자동차가 보유한 자체 기술로 개발을 하게 됩니다. 개발도상국에서 출발한 자동차기업 중 유일하게 기술자립에 도달한 것입니다.

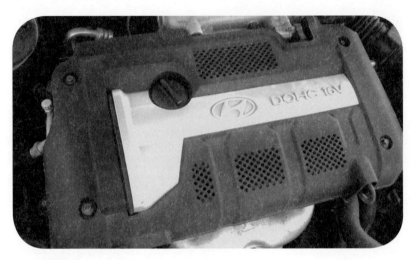

▌ 현대자동차의 베타엔진

추격의 완성과 글로벌 Top 5

현대자동차는 1997년 외환위기를 계기로 1999년 기아자동차를 인수하여 연 300만 대 규모의 기업으로 성장합니다. 그런데 1999년 전후로 대규모 자동차회사끼리 인수·합병을 통해 규모를 키우는 현상은 비단 현대자동차에서만 나타난 것이 아닙니다. 르노와 닛산이 합병하고, 르노가 삼성자동차를 인수합니다. 또한 다임러 벤츠가 크라이슬러를 인수합니다. 자동차 시장에서는 향후 연 600만 대 이상 생산 규모를 가진 글로벌메이커 5개만 살아남을 것이라는 예측이 돌기 시작했습니다. 이에 현대기아차는 Top 5에 들어가기 위해 품질경영을 선언하고, 해외공장을 건설하여 600만 대 이상 생산 규모를 달성하고자 합니다.

현대기아차가 품질경영을 선언한 이유는 단순합니다. Top 5에 들어가기 위해서는 미국 시장에서 싸구려 자동차라는 이미지를 벗어야 했기 때문입니다. 이를 위해 매우 공격적인 마케팅 전략을 구사합니다. 1999년 현대기아차는 미국 시장에서 초기 구매자의 경우 엔진과 변속기를 10년, 10만 마일 무상 보증을 해주겠다고 선언합니다. 5년, 6만 마일이 업계 관행이었던 점을 생각하면, 현대자동차의 품질 보증은 엄청난 것이었습니다.

현대기아차는 이를 만족시키기 위해 생산라인을 자동화한 것은 물론 남양기술연구소에 실제 생산라인과 유사한 생산라인을 만들어, 실제 생산라인에서 발생할 수 있는 모든 문제를 사전에 점검했습니다. 이를 위해 투자된 금액이 수천억 원에 달했는데, 이 과정에서 공과대학을 졸업한 엔지니어가 매우 중요한 역할을 합니다. 그것도 모자라 수출을 위해 자동차를 싣는 부두에서까지 품질검사를 했다고 합니다.

그 결과 현대기아차는 품질경영 선언 뒤 5년이 지난 2004년에 초기품질지수에서 토요타와 거의 유사한 수준에 이릅니다. 초기품질지수란 신차가 나온 뒤 3개월이 지난 자동차를 대상으로 100대당 결함 수를 조사하는 것을 말하는데, 2004년 이후에는 토요타와 거의 유사한 수준을 유지합니다.

내구품질지수에서도 2000년대 후반에는 토요타보다는 다소 못 하지만,

산업 평균에 도달합니다. 내구품질지수란 구매 뒤 3년이 지난 자동차를 대상으로 지난 1년간 100대당 결함 수를 조사한 것을 말합니다. 내구품질지수가 산업 평균에 도달했다는 것은 그만큼 현대기아차의 품질이 좋아졌다는 것을 의미합니다.

▌ 미국 자동차메이커 빅3의 로고

결국 현대기아차는 2005년 350만대에 불과하던 판매량이 2009년에는 세계 5대 메이커에 진입하고, 2012년에는 664만 대를 달성합니다. 현대기아차는 미국 시장 외에도 중국, 체코, 러시아, 브라질 등과 같은 신흥시장 개척을 열심히 하여 판매처를 분산시킨 덕택에 2008년 세계 금융위기의 영향에서 벗어날 수 있었습니다. 미국 시장 의존도가 높았던 미국의 빅3(GM, 포드, 크라이슬러)가 엄청난 타격을 받았던 반면, 현대기아차는 금융위기를 오히려 미국 시장 점유율을 끌어올리는 기회로 활용합니다. 2008년 5.4퍼센트에서 2010년

7.7퍼센트까지 올라간 것입니다. 미국의 권위 있는 컨슈머리포트지 평가에서 추천 차종에 오른 제품이 2005년 3개에 불과했다면 2013년에는 15개에 이를 정도로 제품 성능이 좋아진 것입니다.

반도체산업: 삼성전자의 기술추격과 추월

반도체산업은 2018년 기준 삼성전자가 매출 832억 달러를 기록하여 세계 1위를 차지하고 있으며, SK하이닉스가 377억 달러를 달성하여 세계 3위를 차지한 업종입니다. 우리나라가 세계에서 가장 강한 경쟁력을 가진 산업이라고 할 수 있습니다.

반도체란 상온에서 전기가 잘 통하는 도체와 그렇지 않은 절연체의 중간 정도의 성질을 갖는 물질을 말하는데, 반도체산업이란 반도체를 이용하여 메모리와 비메모리를 만드는 산업을 뜻합니다. 컴퓨터에 사용되는 인텔 또는 AMD의 CPU, 휴대전화기에 사용되는 퀄컴 또는 삼성 엑시노스 AP와 같은 반도체를 비메모리 반도체라고 합니다. 최근 삼성전자가 개발에 성공한 1억 화소 이상 구현이 가능한 휴대전화기 카메라용 이미지센서 역시 비메모리 반도체에 속합니다. 말 그대로 메모리가 아닌 반도체를 말합니다.

삼성전자나 SK하이닉스가 세계 최고 경쟁력을 가진 분야는 비메모리가 아니라 메모리반도체입니다. 메모리가 모두 저장기능을 가진 것은 아니지만, 컴퓨터나 휴대전화기에서 저장기능을 갖는 장치를 생각하면 크게 무리가 없습니다.

반도체사업을 시작한 이래 삼성전자는 특별한 변화가 없었지만, SK하이닉스는 몇 번의 인수과정을 거쳐 오늘에 이르렀기 때문에, 이하에서는 삼성전자를 중심으로 어떻게 글로벌메이커를 추격하여 세계적 기업으로 성장할 수 있었는가를 다루겠습니다.

▌ 실리콘밸리의 산호세에 있는 SK하이닉스 현지 법인

산업정책

자동차산업과 달리 국가의 산업정책은 초기 반도체산업의 성장에 큰 역할을 하지 못합니다. 1975년 중화학공업을 키우려는 취지로 반도체산업 육성을 위한 6개년계획을 세웠지만, 해외에서 기술을 획득하기 어려운 데다 제품을 개발하더라도 최신 제품이 아니면 이윤을 남기기 어려운 산업의 특성때문에 재벌기업조차 참여를 꺼립니다.

물론 그렇다고 정부가 반도체산업을 육성하기 위해 아무 일도 하지 않은 것은 아닙니다. 정부는 1975년 한국과학기술원을 세워 고급 기술인력을 양성하였고, 1976년엔 전자기술연구소를 세워 연구개발을 담당하게 했는데,

여기서 경험을 쌓은 연구인력이 민간기업으로 이동하여 반도체산업 성장에 크게 이바지합니다. 또한 1981년에는 반도체 육성 장기계획을 수립하여 반도체에 대한 지원을 강화했으며, 이후에는 4M D램 및 16M D램 등을 개발하는 데 엄청난 규모의 연구개발지원을 단행합니다.

추격 전략: 기술도입과 모방

그렇지만 반도체산업이 발전하는 결정적인 계기는 1983년 2월 반도체산업에 대대적으로 투자하겠다는 삼성의 결단에서 비롯됩니다. 이 결단이 중요한 이유는 삼성의 반도체사업 투자에 대다수가 반대했기 때문입니다. 앞서 말했듯이 반도체는 매우 위험한 사업이었기 때문에 엄청난 규모의 자금을 투자하더라도 성공할 가능성이 작습니다. 만약 실패할 경우 우리나라 경제에 매우 큰 부담이 된다는 비판이 거세게 제기되었습니다.

이런 이유로 삼성 최고 경영진의 확고한 신념이 없었다면 반도체사업에 대한 도전은 시작할 수도 없었습니다. 당시 삼성 최고 경영진은 주요국의 보호무역 강화 때문에 경공업 위주의 값싼 제품을 계속 수출하는 것이 한계에 도달했다고 판단했습니다. 제2의 도약을 위해서는 첨단기술을 개발해야 하는데, 반도체가 성장 가능성이 큰 유망한 업종이라고 판단한 것입니다. 비록 실패할 위험이 크더라도 제2의 도약을 위해서는 반드시 도전해야 한다며 승부수를 던졌습니다.

▌ 삼성은 반도체산업의 성장 가능성을 밝게 전망하고 투자했다.

　물론 삼성이 반도체산업에 대한 아무런 경험도 없이 막무가내로 도전한 것은 아닙니다. 비록 낮은 수준이었지만 반도체산업 경험이 있었습니다. 미국 모토로라에서 반도체 설계 경력을 가진 연구인력이 1974년에 설립한 한국반도체라는 기업을 삼성이 같은 해 12월에 인수합니다. 이를 통해 가전제품에 들어가는 낮은 수준의 반도체 기술을 획득한 것입니다.

　삼성은 메모리 중에서도 가장 성장 가능성이 크면서 대량생산이 가능한 D램을 타깃으로 삼아 64K D램에 도전합니다. D램이란 전원이 들어온 상태에서는 데이터를 기억하는 기능을 갖지만, 전원이 꺼지면 기억하는 기능이 사라지는 메모리를 말하는데, 저장기능이 없는 메모리입니다.

　여러분이 컴퓨터 프로그램을 실행하면 화면에 뭔가가 보이는데, 실행된 프로그램이 D램에 일시 기억되어 있어서 보이는 것입니다. 따라서 저장하기 버튼을 누르지 않거나 전원이 갑자기 꺼지면 작업한 내용이 모두 사라집니다. 가끔 컴퓨터로 작업한 내용이 정전되면서 사라졌다는 말을 하는데, D램에 기억된 내용이 전원이 꺼지면서 없어진 것입니다.

64K에서 K란 1,000을 가리는 약자인데, K 앞에 붙은 숫자가 클수록 기억할 수 있는 데이터의 용량이 크다는 뜻입니다. 요즘 나오는 개인용 컴퓨터 메모리는 대체로 4G D램이나 8G D램을 사용하는데, G는 1,000,000,000을 가리키는 약자로 '기가'라고 읽습니다.

64K D램이 있으면 그 앞에 이보다 작은 용량을 지닌 D램이 당연히 있습니다. 삼성은 선진메이커를 따라잡기 위해 이를 모두 생략하고 바로 64K D램을 개발하기로 합니다. 선진메이커가 했던 방식을 그대로 따라가면 선진메이커를 추격하는 데 너무 많은 시간이 걸린다고 판단한 것입니다.

삼성은 반도체 개발을 위해 국내와 해외에 연구소를 각각 만들었습니다. 해외 연구소는 미국에서 반도체 관련 경험을 가진 한국계 연구인력을 스카우트하여 1983년 실리콘밸리의 산호세에 세웠습니다. 제품을 개발하고 미국의 최신정보를 획득하는 통로로 활용하기 위해 현지 **법인**을 세운 것입니다.

또한 개발 기간을 단축하기 위해 설계 및 검사와 관련된 기술은 주요국에서 도입하고, 조립공정과 관련된 연구개발은 국내에서 진행하고자 했습니다. 처음에는 미국의 주요 기업에서 기술이전을 받고자 했지만, 미국의 주요 기업이 기술이전을 거부했습니다. 그렇지만 미국엔 반도체 관련 기업이 많았고, 이들 중 돈에 목마른 작은 기업들이 여럿 있었습니다. 삼성은 재정적 어려움을 겪는 조그만 기업을 찾아서, 그 기업에 돈을 지급하고 설계와 공정에 필요한 기술이전을 약속받았습니다. 그리고 기술연수팀을 파견합니다.

그런데 미국 기업은 회사가 어려워서 돈을 벌기 위해 기술을 팔겠다고는

했지만, 향후 삼성이 경쟁 상대가 될 수도 있다는 우려 때문에 핵심기술을 알려주지 않으려 했습니다. 이런 이유로 파견된 기술자들은 개인적 친밀감을 쌓는 등의 비공식적 방법을 이용하여 기술을 터득했다고 합니다. 삼성 기술팀이 비공식적 방법까지 동원한 노력 덕택에 몇 년이 걸릴 거라고 예상하였던 개발 기간을 크게 단축하여 6개월 만에 64K D램을 개발하는 데 성공합니다. 미국에서 64K D램이 나온 지 4년 만에 우리나라가 개발에 성공한 것입니다. 이는 세계에서 세 번째 국가에 해당합니다.

실리콘밸리의 산호세에 세워진 삼성반도체 현지 법인

뒤이어 1984년 3월 256K D램 개발을 시작하는데, 삼성은 혁신역량을 키우기 위해 독특한 전략을 사용합니다. 미국 현지 법인은 독자 개발을 담당하고, 한국 연구팀은 미국 기업으로부터 설계기술을 도입하여 개발하는 투트랙 전략을 사용합니다. 먼저 국내 연구팀이 1984년 10월 256K D램 개발에 성공하여 선진메이커와의 격차를 2년으로 단축합니다. 뒤이어 미국 현지 법인 역시 1985년 4월에 256K D램 개발에 성공하는데, 미국 기술로 만든 것보다 일부 성능이 더 우수했다고 합니다. 미국 현지 법인이 독자적으로 256K D램의 설계기술과 공정기술을 개발하는 데 성공함에 따라 삼성은 미국 기술로부터 독립할 수 있는 기반을 갖출 수 있게 됩니다.

이를 바탕으로 삼성은 1985년 1M D램 자체개발에 나섭니다. 그런데 미국 현지 법인에서 교육을 받고 돌아온 국내 연구진 역시 1M D램을 개발하겠다고 하면서, 두 연구팀이 동시에 개발합니다. M이란 1,000,000을 가리키는 약자로서 '메가'라고 읽습니다. 두 팀의 대결은 국내 연구진이 11개월 만에 개발에 성공함으로써 1986년 11월에 개발한 미국 현지 법인보다 4개월이나 앞섰습니다. 게다가 국내 연구진이 개발한 D램의 성능이 더 우수했습니다. 삼성은 이제 선진메이커와의 격차를 1년으로 좁혔습니다.

그렇지만 이때까지만 하더라도 삼성은 D램 개발로 돈을 벌지 못했습니다. 삼성이 D램 개발에 성공한 1984년에는 D램을 사려는 수요에 비해 D램을 팔려는 공급이 압도적으로 많았기 때문입니다. 이 상황에서 일본기업이 D램 가격을 크게 낮추자 가격이 폭락합니다. 가격 폭락으로 D램 가격이 생산 원가에도 미치지 못해서 반도체 공장을 제대로 가동할 수 없었습니다.

게다가 선진메이커가 삼성을 경쟁자로 의식하기 시작하면서 특허 침해에 따른 배상마저 물어야 했습니다. 1986년 미국의 선진메이커는 삼성이 자사의 특허를 침해했다고 소송을 제기했는데, 당시 D램 관련 특허가 없었던 삼성은 9천만 달러를 배상해야 했습니다. 이렇게 해서 1985~1986년 사이 삼성은 2천억 원에 달하는 천문학적 손해를 입었습니다.

여기서 여러분은 삼성이 그런 막대한 손해를 입으면서 어떻게 버틸 수 있었는지 의문이 들 수 있습니다. 만약 삼성이 반도체에 전문화된 기업이었다면 버티지 못했을 공산이 큽니다. 여느 기업이라면 망하거나 포기했을 겁니다. 그렇지만 삼성은 여러 사업을 하는 기업을 거느린 재벌이었습니다. 돈 잘 버는 다른 기업에서 돈을 계속 댈 수 있었기 때문에 막대한 돈을 꾸준히 연구개발에 투자할 수 있었습니다.

그런데 1987년 삼성은 뜻하지 않은 행운을 만납니다. 1985년 말에 미국과 일본의 반도체 협상을 계기로 일본이 생산량을 줄여 나갑니다. 생산량이 줄어드니 반도체 가격이 서서히 올라갔지요. 그런 상황에서 1987년부터 컴퓨터의 인기가 폭발하면서, 삼성이 주력으로 생산하던 256K D램에 대한 수요가 어마어마하게 증가합니다. 선진메이커들은 1M D램 생산에 주력하고 있었기 때문에 그 혜택을 제대로 볼 수 없었습니다. 이런 이유로 구형 D램에 주력하던 삼성에 뜻하지 않은 행운이 찾아왔습니다. 이를 계기로 삼성은 그동안 누적되어온 적자문제를 단숨에 해결합니다.

추격의 성공과 추월

1M D램 개발까지는 선진메이커가 만든 제품이 있었습니다. 삼성은 이들 제품을 가져와서 분해해보는 방법을 통해 선진메이커들이 생산한 제품에 관한 기본 정보를 획득했습니다. 또한 필요하면 미국 기업으로부터 기술을 사올 수도 있었습니다. 그렇지만 삼성이 경쟁자로 여겨지면서 4M D램부터는 독자 기술로 개발해야 했습니다. 특허를 침해했다는 이유로 엄청난 벌금까지 물었으므로 더더욱 독자 기술개발이 필요했습니다.

정부는 1986년 10월 4M D램 개발을 국가 프로젝트로 지정하여 독자 개발을 지원합니다. 1989년까지 개발을 완료하여 선진메이커를 완전히 따라잡고자 한 것입니다. 이를 위해 삼성, 현대, 금성과 대학, 정부가 세운 한국전자통신연구원이 공동으로 총 879억 원을 투입하여 공동개발에 나서는데, 이 중 정부가 579억 원을 부담합니다. 이들 3개 기업 중 삼성이 1988년 가장 먼저 개발에 성공합니다. 4M D램 개발로 삼성은 선진메이커와의 격차를 6개월까지 좁히는 데 성공합니다.

▌ 한국전자통신연구원(ETRI)

여기서 삼성이 어떻게 선진메이커와의 기술격차를 점점 좁힐 수 있었는가를 잠시 살펴보겠습니다. 삼성은 국내뿐만 아니라 미국 현지 법인 또한 1M D램 개발 때와 마찬가지로 연구개발을 진행했습니다. 미국 현지 법인은 4M D램을 먼저 개발하여 명예를 회복하려 했습니다. 그렇지만 이번에도 국내

연구팀이 먼저 개발에 성공합니다.

미국 현지 법인에서 교육을 받았던 국내 연구팀이 먼저 개발에 성공할 수 있었던 것은 미국과 국내의 기업문화가 달랐기 때문입니다. 미국 연구팀은 일하는 시간과 그 외 시간을 철저히 구별했습니다. 쉽게 말해 일해야 하는 일과시간에는 열심히 일하지만, 일과가 끝나면 일에서 해방되어 개인 시간을 가졌던 것이지요. 이런 문화를 특별히 미국 문화라고 할 수 없고, 일반적인 선진기업의 문화라고 보면 됩니다.

반면, 한국 연구팀은 시간의 구별이 없었습니다. 밤낮뿐만 아니라 토요일, 일요일에도 연구소에 나와 열심히 일했습니다. 한국 연구팀은 자신뿐만 아니라 가족의 삶조차 희생하면서 연구개발을 한 것이지요. 전문지식과 기술 측면에서는 미국 현지 법인의 연구인력이 우월했지만, 결과적으로 모든 것을 희생한 한국 연구팀을 이길 수 없었던 것입니다.

물론 지금은 개인에게 모든 것을 희생하고 일만 하라고 요구할 수 없으며, 그래서도 안 됩니다. 그렇지만 선진메이커를 추격해야 하는 당시에는 그렇게 일을 했습니다. 현대자동차의 연구진이 그랬던 것처럼 삼성의 국내 연구진 또한 주말과 밤낮을 가리지 않을 정도로 연구개발에 헌신적이었습니다. 그 결과 선진메이커가 기술개발을 위해 걸린 시간을 단축할 수 있었던 것입니다. 선진메이커를 따라잡기 위해서는 그들보다 더 노력하는 것 외에는 방법이 없었으니까요.

4M D램 개발에 성공한 뒤 삼성은 선진메이커와 비슷한 시기인 1990년 8월 16M D램 개발에도 성공합니다. 이후 일본 도시바가 삼성보다 더 우수한 제품을 개발하고 있다는 정보를 입수하면서 제품에 대한 보완설계를 다시

하여 1991년 3월 개발을 끝냅니다. 이를 계기로 삼성은 세계적인 선진메이커와 동급 지위에 오릅니다. 뒤이어 1992년 9월에는 세계 최초로 64M D램 개발에 성공하여 마침내 선진메이커를 추월합니다.

그런데 이 와중에 삼성에 뜻하지 않은 행운이 1991년에 다시 찾아옵니다. 일본 반도체업체들은 1M D램이 팔리지 않으리라고 예측하고 4M D램으로 옮겨가고 있었습니다. 그런데 예상과 달리 마이크로소프트 윈도가 폭발적 인기를 얻으면서 4M D램보다 값이 싼 1M D램에 대한 수요가 폭발했습니다. 결국 예상을 뒤엎은 컴퓨터산업의 호황 덕택에 삼성은 일본을 제치고 1992년에는 D램, 1993년에는 메모리 분야에서 세계 최고의 기업으로 성장합니다.

철강산업: 포스코의 추격과 추월

포스코는 철강 전문 분석기관인 WSD(World Steel Dynamics)가 2019년 34개 철강회사에 대해 시행한 경쟁력 조사에서 1위를 차지한 철강회사입니다. 원래 이름은 포항제철이었는데, 2002년 이름을 포스코라고 바꾸었습니다. 포항제철이라는 이름에서 알 수 있듯이 포스코는 철광석을 이용하여 다양한 철을 만드는 기업입니다. 10년 연속 경쟁력 1위를 차지할 정도로 세계적 경쟁력을 지닌 기업이며, 2018년 기준 매출이 약 65조 원에 달하는 우리나라 철강산업의 대표기업입니다.

포스코가 특이한 점은 민간기업이 아니라 공기업에서 시작했음에도 세계적인 경쟁력을 갖춘 기업으로 성장했다는 점입니다. 물론 포스코는 2000년 10월 민영화가 완료되어 더는 공기업이 아니지만, 공기업에서 출발하여 세계적인 기업으로 성장한 뒤 민영화가 되었습니다. 공기업이란 쉽게 말해 정부가 소유한 기업을 말하기 때문에, 민영화란 민간이 소유한 기업이 되었다는 말입니다.

▌ 포항시 남구 제철동에 있는 포스코

　일반적으로 공기업은 민간기업보다 경쟁력이 떨어진다고들 말합니다. 그 이유를 간략히 말하면 이렇습니다. 공기업은 민간이 아닌 정부가 주인이기 때문에 민간기업처럼 열심히 혁신역량을 쌓기 위해 노력할 동기가 부족합니다. 민간기업은 열심히 일하지 않으면 회사가 어려워져 급여를 받지 못할 수 있습니다. 그렇지만 공기업은 정부가 주인이기 때문에 어떤 식으로 일을 하더라도 정해진 급여가 나옵니다. 열심히 일하지 않더라도 급여가 보장된다면, 열심히 기술을 개발하고 비용을 절약해야 할 동기가 부족할 수밖에 없습니다. 그러다 보니 공기업이 민간기업보다 경쟁력이 떨어진다는 소리를 들는 것입니다.

이런 식의 견해가 공기업에 관해 일반인이 가진 소박한 상식입니다. 그런데 포스코는 특이하게도 일반인의 상식을 완전히 벗어나 세계 최고 경쟁력을 지닌 기업으로 성장했습니다. 이하에서는 포스코가 어떻게 공기업이라는 한계를 극복하고, 혁신역량을 갖추어 세계적 기업으로 성장했는가를 살피겠습니다.

산업정책

5·16군사정변으로 권력을 장악한 박정희 정권은 경제개발계획이 시작되는 1962년부터 제철소 건설을 계획했을 정도로 제철소 사업에 적극적이었습니다. 박정희 정권은 일본이 세계적인 강국이 될 수 있었던 원인을 철강산업의 발전에서 찾았습니다. 철강산업이 조선·자동차·건설 등 모든 산업의 근간이 될 뿐만 아니라 무기를 만드는 군수산업에서도 기초가 된다고 판단했기 때문입니다. 흔히 철을 '산업의 쌀'이라고 부르는데, 실제로 가전제품에서 자동차에 이르기까지 철이 사용되지 않는 분야를 찾기가 어렵습니다.

이런 이유로 1962년부터 조강생산 31만 톤 규모의 제철소 건립을 추진했지만, 돈이 없어서 만들 수 없었습니다. 조강생산이란 쉽게 말하면 쇳물을 만드는 것을 의미하는 철강 용어입니다. 박정희 정권은 1966년 미국 중심의 5개국 8개사로 구성된 대한국제제철차관단(KISA, Korea International Steel Associates)을 통해 돈과 기술을 지원받아 조강생산 300만 톤 규모의 포항제철소를 건설하려 했지만, 이 계획 역시 1969년 막판에 미국이 자금지원을 거부함에 따라 무산됩니다.

미국은 표면적으로는 비용에 견주어 경제성이 의심된다는 세계은행의 보고서 때문이라고 말했습니다. 돈을 빌려줘서 한국에 제철소를 짓더라도, 기술 수준이 높은 일본 제철소가 한국 옆에 있어 한국이 돈을 벌 가능성이 없다고 본 것이지요. 그렇지만 실제로는 한국 철강산업이 발전할 경우 미국 철강기업이 곤란할 수 있다고 판단한 것입니다.

▌포스코의 야경

KISA가 실패하자 박정희 정권은 일본에 도움을 요청합니다. 박정희 정권은 1969년 일본 철강 3사(후지제철·야하타제철·일본강관)에 지원을 요청하여, 제철소 건설이 타당하다는 각서를 받아냅니다. 그리고 이를 토대로 일본 정부를 설득했지요. 일본은 1969년 9월 조사단을 한국에 파견하는데, 정부는 1970년 4월에 시작하여 1973년 7월까지 103만 톤 능력의 포항종합제철소를 완공하기로 조사단과 합의합니다.

미국과 달리 일본이 제철소 건설 지원에 적극적이었던 것은 한국 정부의 적극성 때문이기도 하지만, 더 중요한 것은 한국에 제철소를 건설하는 것이 자국 기업에 이익이 된다고 판단했기 때문이지요. 우선 한국에는 1965년 한일협정에 따라 일본이 지급하기로 예정된 청구권자금이 있었습니다. 일본기업들은 한국에 청구권자금이 있으므로 포항제철 건설사업에 참여할 경우 확실하게 돈을 받을 수 있다고 판단했습니다. 당장 제철소 건설에 1억 달러가 필요할 것으로 예측했는데, 필요한 장비를 수출할 수 있고, 이후에도 한국이 제철소를 확장할 계획이었던 점을 고려하면 일본기업으로서는 횡재입니다.

물론 원래 청구권자금은 농림수산업에 투자하기로 합의되어 있었는데, 박정희 정권은 이 중 일부를 제철소 건설에 전용할 수 있다는 아이디어를 만들어 냅니다. 지금 생각하면 "원래 합의한 부문에서 다른 부문으로 돈을 사용하겠다는 것이 뭐가 그리 대단한가?"라고 반문할 수 있지만, 청구권협정이 그리 간단하지 않았습니다.

원래 일본이 무상지급하기로 한 3억 달러의 청구권자금은 1966년부터 10년간 균등하게 지급될 예정이었습니다. 그런데 제철소를 건설하면서 이를 미리 한 번에 주도록 요구한 것입니다. 물론 추후 협상 과정에서 청구권자금 7,370만 달러를 3년에 걸쳐 지급하고, 상업차관 5천만 달러를 빌려주는 것으로 합의가 됩니다.

둘째, 공해문제가 심각해지면서 일본 내에서는 더는 제철소를 확장할 수 없었습니다. 뒤에서 다시 설명하겠지만, 제철소는 철광석과 연료를 용광로에 넣는 과정에서 엄청난 양의 공해 물질을 배출합니다. 이런 이유로 1960년대 말에는 공해문제가 두드러지면서 공해방지 시설 비용이 폭등합니다. 이에 따라 철강산업에서 핵심적인 부문과 고부가가치 부문을 제외한 부문을 구조 조정할 필요가 있었습니다.

셋째, 일본은 결국 한국이 제철소를 건설하리라고 판단했습니다. 앞서 살펴보았듯이 박정희 정권은 5·16군사정변 직후부터 제철소 건설에 관한 구상을 마련했는데, 번번이 실패했음에도 제철소를 건설하려는 의지를 일관되게 표출했었습니다. 어차피 한국이 제철소를 건설할 거라면 일본이 주도권을 가질 수 있을 때, 최대 이익을 얻는 게 낫다고 일본은 판단했습니다. 이런 이유로 제철소 건설을 도와달라는 박정희 정권의 요청에 대해 당시 일본철강연맹 회장은 일본만 단독으로 참여한다면 협조할 수 있다고 말합니다.

넷째, 미국이 베트남전쟁에서 패배하면서 일본은 공산주의 세력 확장을 막을 수 있는 방패에 더 관심을 기울였습니다. 한국이 방패 역할을 해주기를 원했던 것입니다. 이를 위해서는 한국이 경제적으로 안정되어야 한다고 판단했습니다. 박정희 정권은 한국이 발전해야 안보가 유지되며, 한국의 안보가 일본의 안보에 직결된다고 일본을 설득했습니다.

포항제철 경영진과 직원들은 일본과의 협상이 타결되자 설비를 구매하여, 장비를 설치하고 이를 운영하여 실제 공장을 정상적으로 가동하는 데 엄청난 역량을 발휘합니다. 《포항제철 10년사》에 따르면 포항제철은 청구권자금을 이용하여 포항제철이 원하는 장비를 구매할 수 있는 엄청난 재량권을 정부로부터 따내는 데 성공합니다. 청구권자금은 국가 간 협약으로 조성된 것이었으므로 이를 사용할 권한은 정부에 있었습니다. 포항제철은 단지 이러저러한 설비를 구매해 달라고 요구만 할 수 있었고, 결정 권한은 없었습니다. 이런 이유로 포항제철이 원하는 최신 설비를 구매하는 것이 어려웠습니다.

포항제철의 초대 사장을 지낸 박태준

포항제철이 어려움을 말하자, 정부는 포항제철이 원하는 장비를 마음대로 계약하더라도 이를 보증하겠다는 서명을 합니다. 소위 '종이마패'라고 불렸던 이 서명이 실제 사용된 적은 없었다고 하지만, 정부의 전폭적인 배려에 힘입어 포항제철은 건설 및 경영에 관해 전권을 행사했습니다. 쉽게 말해 공기업에서 흔히 나타나기 쉬운, 이권을 둘러싼 권력의 부당한 관여를 원천적으로 차단하여 민간기업과 마찬가지로 효율적으로 경영할 수 있는 자율권을 확보했다는 것입니다.

포항제철 경영진은 일본으로부터 받은 청구권자금을 이용하여 제철소를 건설하는 것이기 때문에 실패할 경우 민족사에 큰 죄를 짓는다는 각오로 제철소 건설에 임해야 한다고 직원들을 독려하며 밤낮을 가리지 않고 일에 전념합니다. 이러한 포항제철 경영진의 신념과 직원들의 헌신적인 노력은 포항제철이 세계적 기업으로 성공하는 데 크게 기여한 것으로 평가받습니다.

기술추격: 해외연수와 기술이전

포항제철은 1970년 4월 공사를 시작하여 예정대로 1973년 7월에 공사를 마쳤습니다. 포항제철 건설이 합의되자 제철소 사업이 시작되기도 전에 포항제철은 가와사키제철과 일본철강자문용역단의 도움을 얻어 49명의 직원을 해외연수 시킵니다. 여기서 해외연수란 해외에 나가 기술을 배워오는 것을 말하는데, 본격적인 해외연수는 1969년 12월 야와타제철·후지제철·일본강관 기술자로 구성된 일본기술단과의 기술용역계약에 따라 이루어졌습니다. 이 과정에서 1970년 야와타제철과 후지제철은 신일본제철로 통합되었기 때문에 일본기술단은 신일본제철·일본강관으로 구성됩니다.

결과적으로 해외연수는 제철소 가동을 위한 기술습득에 가장 중요한 역할을 했습니다. 포항제철은 다른 철강업체에서 일하던 경력 사원을 보유했지만, 이들은 일관제철소에서 일한 경험이 없었습니다. 이들에 따르면 일관제철소는 그들이 과거 경험한 제철소보다 10배나 더 어려웠다고 합니다. 용광로라고도 불리는 대규모 고로에 관한 경험이 없었기 때문에 교육 훈련이 없다면 일관제철소에 투입될 수 없었습니다. 이런 이유로 포항제철은 1단계로 85명, 2단계로 353명의 직원을 해외연수에 참여시켜 일관제철소를 가동할 수 있는 기술을 배우도록 했습니다. 포항제철은 해외연수에 참여한 직원들에게, 각자 맡은 기술 외에도 다른 기술을 추가로 배워오도록 독려합니다. 실제로 해외연수에 참여한 직원들은 열성적으로 연수에 임하여 각자 맡은 역할 외에도 추가적인 기술을 배워 옵니다. 제철소를 정상적으로 운영하여 성공해야 하는 것은 매우 절박한 과제였기 때문에 경영진과 직원들은 엄청난 집중력을 발휘했습니다.

집중탐구 일관제철소

일관제철소란 제선, 제강, 연주, 압연공정을 모두 갖춘 제철소를 말합니다. 제선이란 철광석을 고로(高爐, shaft furnace)에 넣어 쇳물을 만드는 공정을 말합니다. 고로라고 부르는 까닭은 높이가 110m나 되는 설비이기 때문인데, 흔히 용광로라고 불립니다. 자연상태에서 철광석은 산소와 결합하여 녹슨 상태로 있는데, 용광로에서 산소가 떼어진 철이 만들어집니다. 물론 그냥은 안됩니다. 값비싼 석탄을 공기가 없는 상태에서 장시간 구워 만든 코크스라는 연료를 넣어주고, 약 1,200℃ 정도의 뜨거운 바람을 넣어주면 코크스가 연소되면서 용광로 온도가 최대 2,300℃까지 상승합니다. 이 과정에서 철광석이 녹고, 산소도 떨어져 나갑니다. 이렇게 만들어진 쇳물을 선철(pic iron) 혹은 용선이라고 하는데, 선철을 만든다고 해서 제선이라고 합니다. 선철은 불순물이 많아 쉽게 깨지기 때문에 가공하기 어렵습니다.

제강이란 고로에서 만들어진 쇳물에서 불순물을 제거하여 깨끗한 철을 만드는 공정을 말합니다. 고로에서 만들어진 쇳물은 탄소나 유황, 인 등과 같은 불순물이 많이 섞여 있는데, 이를 제거하기 위해 전로(轉爐, converter)라고 불리는 항아리 모양의 노(爐)에 쇳물을 넣은 다음 산소를 불어 넣으면 불순물이 타서 사라지기 때문에 깨끗한 쇳물만 남습니다. 여기서 생산된 깨끗한 쇳물을 용강(molten steel)이라고 하는데, steel이라는 영어단어에서 알 수 있듯이 이때부터 생산된 철을 우리가 흔히 강(Steel)이라고 부릅니다. 강을 만든다고 해서 제강이라고 합니다.

연주란 연속주조를 줄인 말인데, 용강을 일정한 모양의 틀에 연속해서 넣은 다음 냉각시켜 판이나 봉 모양의 고체로 만드는 과정을 말합니다. 이 과정을 통해 액체 상태의 강(Steel)이 고체 상태의 강(Steel)으로 변합니다.

압연이란 연주공정에서 만들어진 중간소재를 가열로에 넣어 달군 다음 회전하는 롤러 사이에 넣어 압력을 가해 얇은 강판이나 선재(wire rod)를 만드는 공정을 말합니다. 압력을 가하여 늘인다고 해서 압연이라고 부르며, 선재란 단면이 둥글면서 코일 모양으로 감겨 있는 제품을 말합니다. 광안대교나 영종대교 같은 다리를 지나다 보면 두꺼운 밧줄처럼 보이는 철을 꼬아 만든 케이블을 종종 볼 수 있는데 이것도 선재의 일종입니다. 이처럼 800℃ 이상의 고온에서 만들어진 제품을 열연제품이라고 하며, 상온에서 열연제품을 다시 가공한 것을 냉연제품이라고 합니다.

▎ 부산광역시에 있는 광안대교

다행히 일본기술단 역시 매우 적극적으로 한국 연수생들에게 기술을 전수했다고 합니다. 친절했을 뿐만 아니라 자료제공은 물론 일부 최신 기술까지 전수하려고 전력을 다했다고 합니다. 연수생들에 따르면 신일본제철과 일본강관은 누가 더 열심히 가르치는가를 두고 서로 경쟁하는 것 같았다고 합니다.

물론 일본기업이 경쟁적으로 열심히 공장 가동기술을 가르친 것은 1억 달러 이상이 투자될 것으로 판단되는 포항제철소 건설사업에 장비 제공기업으로 선정되어 돈을 벌기 위해서였습니다. 한 번 장비를 수출하면 추가로 제철소가 건설될 예정이었기 때문에 더 많은 돈을 벌 수 있다고 여겼고, 한국에서의 실적을 바탕으로 다른 개발도상국에도 진출할 수 있다고 판단했기 때문입니다. 여기에다 어차피 아무리 열심히 가르쳐 주어도 절대로 일본을 넘어설 수 없을 것이라는 우월감 역시 있었다고 합니다. 포항제철이 그렇게 빨리 일본을 추격할지 당시에는 상상도 하지 못했던 것이지요.

포항제철은 해외 연수생들이 가져온 자료를 모두 필름으로 제작하여 직원 교육에 활용하였고, 배운 내용을 다른 직원들에게 확산시키는 데 큰 노력을 기울였습니다. 이렇게 해서 배운 직원들의 수가 해외 연수생의 3배를 넘었다고 합니다.

물론 해외 연수생들이 배워 온 내용은 대단한 내용이 아니라 이미 거의 모든 주요국에서 표준화된 기술이었습니다. 더욱이 공장을 돌릴 수 있는 기술에 국한된 것이었기 때문에 철강품질과 관련된 고급기술은 배우지 못했습니다. 일본기업이 품질과 관련된 고급기술 이전을 꺼렸기 때문입니다. 이런 측면에서 해외 연수단이 배운 기술은 주요국에는 상대적으로 낮은 수준의 기술이었지만, 그렇더라도 이를 처음 경험한 한국 기술자들에게는 첨단기술이나 다름없었습니다.

포항제철이 놀라운 것은 이렇게 배운 기술을 매우 빨리 흡수한 것입니다. 포항제철의 기술흡수가 예상보다 빠르게 진행되자 1970년대 후반으로 가면 이전과 달리 일본기업이 기술이전을 꺼리기 시작합니다. 현장 실습도 꺼리고 복사실 출입도 제한할 정도였다고 합니다. 실제로 1980년이 되면 1톤을 생산하는 데 들어가는 노동시간이 일본과 미국보단 다소 못했지만, 영국, 프랑스, 서독을 능가하는 수준에 이릅니다.

물론 해외연수를 통해 이 모든 것을 해결한 것은 아니었습니다. 공장이 완공되기 전 설비를 시험 가동하여 만반의 준비를 했고, 대졸 엔지니어를 현장 반장으로 임명하여 현장에 관한 지식을 익히도록 하는 전략을 사용했지만, 이것만으로는 공장을 정상적으로 돌릴 수 없었습니다. 공장을 가동하다 보면 예상하지 못한 문제들이 발생하는데, 한국 기술자들은 경험이 없었기 때문에 이를 해결할 수 없었습니다. 포항제철은 일본기술단에서 파견한 기술자 외에도 신일본제철에서 퇴직한 기술자를 고용하여 이러한 문제에 대응했습니다. 특히 퇴직한 일본 기술자들의 풍부한 경험이 공장가동에 큰 도움을 주었고, 기술이전 역시 잘 되었다고 합니다.

▌ 포항산업과학연구원(RIST)은 철강을 비롯한 각종 소재와 환경에너지 등의 분야에서 국내
   최고 수준의 기술력을 지향하는 연구기관이다.

포항제철의 본격적인 기술추격은 1980년대에 시작됩니다. 체계적인 기술추격을 위해 1987년 포항산업과학연구원(RIST)을 설립하여 선진기술 정보를 조사하여 분석하였으며, 문헌조사로 알 수 없는 기술 동향은 해외연수를 통해 해결했습니다. 선진메이커들이 포항제철을 경쟁자로 인식하면서 자료제공을 꺼렸기 때문에, 개인적 친분을 이용하는 등의 비공식적 방법이 활용되었다고 합니다.

그렇지만 선진메이커가 기술이전을 꺼린 최신 기술은 스스로 개발해야 했습니다. 선진메이커들은 1980년대 초반에 가속냉각법(Thermo-Mechanical Control Process)이라 불리는 공정을 개발합니다. 이는 롤러에 용강을 넣은 뒤 압력을 가하여 강의 두께를 줄이는 압연공정 중에 물로 냉각시키는 방법 등을 통해 큰 하중을 견딜 수 있는 강(Steel)을 만드는 방법입니다. 선진메이커가 기술이전을 거부함에 따라 포항제철은 1986년 RIST와 개발팀을 구성하여 1988년 11월 자체개발에 성공합니다.

추격의 완성과 추월

포항제철이 선진메이커를 추월하는 데에는 파이넥스(FINEX)법이라고 불리는 독자적인 차세대 제선기술 개발이 중요한 역할을 합니다. 제선이란 용광로에 철광석과 코크스를 함께 넣어 철광석을 녹이면서 산소를 떼어낸 쇳물을 만드는 것입니다.

포스코는 철광석에서 산소를 떼어내는 과정과 쇳물을 만드는 공정을 분리하여 비용과 공해 물질 배출이라는 두 가지 문제를 세계 최초로 동시에 해결합니다. 이를 파이넥스법이라고 불렀습니다.

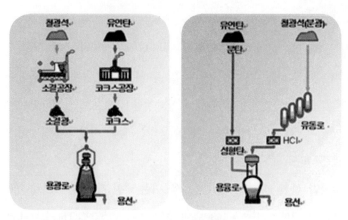

ㅣ 용광로 공정(왼쪽)과 파이넥스 공정(오른쪽) ⓒ산업자원부(2007)

집중탐구 **파이넥스법**

파이넥스법의 원리는 이렇습니다. 먼저 철광석 가루를 700~800℃에 달하는 4개의 노(爐)에 차례로 넣어 산소를 떼어냅니다. 이때 노(爐)의 역할은 철광석을 녹이지는 않고, 단지 산소를 떼어내는 것을 목표로 합니다. 산소를 떼어내는 것을 환원이라고 부르기 때문에, 이때 사용되는 노(爐)를 환원로라고 부릅니다. 유동로 또는 유동환원로라고도 부릅니다. 철광석을 녹이지 않고 단지 산소를 떼어내기만 하면 되기 때문에 값싼 일반 석탄을 활용합니다. 다음으로 산소가 제거된 철광석을 상온에서 구슬 모양으로 만들고, 일반 석탄 역시 상온에서 조개 모양으로 만들어 용융로에 넣어 쇳물을 만듭니다. 이때 석탄은 단지 철광석을 녹일 수 있는 열만 내면 되기 때문에 품질이 낮은 일반탄을 사용해도 됩니다. 열을 가하여 고체를 액체로 만드는 것을 용융이라고 하는데, 용광로가 아니라 용융로라고 부르는 것은 노(爐)의 크기가 용광로에 비해 작기 때문입니다.

이 방법이 비용 측면에서 우수한 것은 비싼 석탄이 아니라 일반탄을 사용할 수 있다는 점과 불순물이 많은 값싼 철광석을 그대로 사용할 수 있다는 점입니다. 또한 소결광과 코크스가 필요하지 않기 때문에 두 가지 공정을 생략할 수 있다는 점입니다. 공해 물질을 엄청나게 배출하는 두 가지 공정이 사라졌기 때문에 환경문제 역시 상당히 해결됩니다.

두 가지 공정이 사라짐에 따라, 같은 규모의 용광로에 비해 투자비는 80퍼센트 수준으로 줄어들었고, 값싼 연료 사용에 따라 제조원가가 85퍼센트 수준밖에 되지 않았습니다. 공해 물질인 황산물은 기존 방법에 견주어 8퍼센트, 질소산화물은 4퍼센트밖에 배출하지 않아 엄청난 환경개선이 이루어집니다.

이런 간단하고 놀라운 방법을 왜 다른 선진메이커는 개발할 수 없었는지 의아할 수도 있지만, 그게 그렇게 간단하지 않았습니다. 환원로에 철광석과 석탄을 넣었을 때 일주일 만에 서로 엉켜버렸는데, 열기가 가라앉아도 200~300℃나 되는 환원로에 직원들이 들어가 엉켜버린 덩어리를 제거해야 했습니다. 용융로가 식어버리면 용융로를 해체해야 하는 대형 사고가 발생하기 때문에 120명이나 되는 직원이 동원되어 96시간 만에 제거했습니다. 이런 사고가 빈번하게 발생하면서, 개발을 포기해야 하지 않는가 하는 유혹이 들었던 것도 사실입니다. 하지만 베네수엘라에서도 20년간 연구하고 있다는 정보가 입수되자 계속 밀고 나가도록 결정합니다.

파이넥스 개발팀은 10년간 휴가도 제대로 갈 수 없었고, 언제 무슨 일이 생길지 몰라 회사에서 새우잠을 자야 했습니다. 파이넥스 개발팀에 배치된 어떤 신입사원은 비정상인 열정이 부담스러워 회사를 나가기까지 했다고 합니다. 이런 노력 끝에 2007년 4월 150만 톤급 설비에서 쇳물을 만드는 데 성

공합니다. 1992년에 시작하여 2007년 실제 제품을 만들어 팔 수 있는 상용
화를 이룬 것입니다. 개발비만 5천억 원, 설비투자에 1조 600억 원, 총동원인
력 5천여 명이라는 어마어마한 돈과 사람을 과감하게 투자한 끝에 포스코는
기술 리더가 되었습니다.

4장 도약 3: 새로운 도약을 위한 과제는 무엇인가?

지금까지 우리는 한국경제가 어떻게 도약했는가를 살 펴보았습니다. 가장 못사는 나라에서 출발 한 한국은 박정희 정권의 경제개발계획을 거치면서 제1의 도약을 합니다. 박 정희 정권은 수출지향산업화를 처음부터 의도하지는 않았지만, 수출지향산 업화로 전환함으로써 한국경제의 도약에 중요한 역할을 했습니다.

❚ 대우조선해양은 조선 분야에서 세계적인 기업이다.

또한 박정희 정권은 안보상의 문제가 발생하면서 조속한 중화학공업화를 도모하는데, 이러한 결단은 결과적으로 우리 경제가 제2의 도약을 할 수 있는 발판으로 기능했습니다. 한국경제는 1990년대를 지나 2000년대에 들어서면서 철강·전자·전기·조선·자동차·화학 등과 같은 중화학공업 분야에서 재벌을 중심으로 세계적인 기업들을 배출합니다. 중화학공업화를 시작한 지 30년 만에 선진메이커 추격에 성공한 것이지요. 이것이 제2의 도약입니다.

그런데 한국기업은 철강·전자·전기·조선·자동차·화학 등과 같은 분야에서는 크게 성공했지만, 기계·소재·의학·생명과학 등과 같은 분야에서는 여전히 추격자입니다. 요즘 언론에서 날이면 날마다 화제가 되는 불화수소, 포토레지스트 등과 같은 소재 분야는 여전히 일본에 의지합니다. 또한 산업용으로 사용되는 기계장비 역시 일본에 상당 부분 의존하고 있습니다. 왜 한국기업은 어떤 분야에서는 추격에 성공했지만, 다른 분야에서는 그러지 못하고 있는 걸까요?

그 이유는 해당 산업이 지니는 기술의 특성 때문입니다. 한국이 기술추격에 성공한 산업은 주로 기술수명이 짧은 분야들입니다. 기술수명이 짧다는 것은 과거에 개발된 기술이 그렇게 중요하지 않다는 것을 말하며, 기술수명이 길다는 것은 과거에 개발된 기술이 여전히 중요하다는 것을 말합니다. 과거에 개발된 기술을 전혀 이용하지 않을 수는 없겠지만, 상대적으로 최근에 개발된 기술에 의존하는 산업의 경우 추격이 상대적으로 쉽습니다. 기술수명이 짧다는 것은 아주 오래전에 개발된 기술이 별 필요가 없다는 것을 의미하므로, 상대적으로 기술개발에 필요한 노력이 장수명기술에 비해 작게 듭니다.

물론 한국기업이 처음부터 이를 의도하지는 않았습니다. 선진메이커를 추격하는 데 유리한 산업을 선택하는 과정에서 자연스럽게 기술수명이 짧은 분야가 선택된 것이지요. 산업정책이 중요한 것은 바로 이런 이유 때문입니다. 돈을 많이 투자한다고 해서 무조건 성공하는 것이 아니라는 것이지요.

실제로 수십 년 전에도 개발도상국이었고, 지금도 개발도상국으로 남아있는 남미의 많은 국가들의 경우 우리나라와 달리 의료·바이오와 같은 장수명기술 분야에 많이 투자했습니다. 그러다 보니 선진메이커를 추격하는데 실패한 것이지요. 반면, 우리나라의 경우 우연히든 어떻든 기술수명이 짧은 분야를 중심으로 선진메이커를 추격했고, 결과적으로 단기간에 선진메이커를 따라잡았습니다.

이 말은 거꾸로 우리가 선진메이커를 추격하는 데 성공했듯이, 다른 나라의 기업 또한 우리 기업을 따라잡을 수 있다는 것을 의미합니다. 실제로 우리나라가 성공한 분야를 중국이 급속하게 따라잡고 있습니다. 우리나라보다 어마어마하게 큰 국내시장에서 쌓은 경험과 벌어들인 돈을 바탕으로 한국기업을 맹렬히 추격하고 있습니다.

최근 한국의 주력기업들이 어려운 것은 세계 경제가 나빠져서 수출을 제대로 할 수 없었던 것이 가장 큰 이유이지만, 한국기업이 장악했던 시장을 중국기업이 잠식하는 것 또한 중요한 이유입니다. 중국은 수출과 국내시장에서 벌어들인 막대한 돈을 바탕으로 경제적 어려움을 겪는 세계적 기업들을 인수하는 방법을 통해, 기술추격에 필요한 시간을 단축하고 있습니다. 한국이 기술추격에 성공한 분야를 중심으로 중국 역시 한국기업을 추월하려는 것이지요.

▌ 중국 청두에 있는 삼성과 화웨이 매장

삼성이 한때 중국 휴대전화기 시장에서 인기를 누리다가 최근 화웨이·샤오미 같은 중국기업에 추격당한 것은 이런 사례에 해당합니다. 물론 아직 세계시장에서 휴대전화기 1위 업체는 삼성입니다. 그렇지만 최근 광고에 자주 나오는 5G 무선 통신 분야에서는 트럼프의 집중적인 공격을 받는 화웨이가 세계시장 1위이며, 삼성이 화웨이를 뒤쫓는 형국입니다.

그렇다면 한국경제가 중국과 같은 후발 국가의 추격을 따돌리고 새로운 도약을 하려면 어떻게 해야 할까요? 정답은 단순합니다. 첫째, 우리 기업이 세계적 경쟁력을 지닌 분야를 중심으로 기술 간 융합을 만들어 내는 데 연구개발을 집중해야 합니다. 기술 간 융합이란 서로 다른 기술을 합쳐서 새로운 기술을 만드는 것인데, 최근 IT분야와 다른 산업 분야가 융합되는 추세가 두드러집니다. 예를 들면 과거 자동차에서 전자장치가 부차적인 역할에 불과했다면, 자율주행차가 개발되는 최근에는 매우 중요한 역할을 담당합니다. 최근 자동차 광고를 보면 전자장치가 알아서 운전을 보조해주기 때문에 과거보다 자동차 운전이 매우 쉬워지고 있습니다. 이런 기술 간 융합이 자동차산업의 경쟁력을 높이는 데 크게 기여할 수 있습니다.

둘째, 우리 기업들 역시 기술수명이 긴 분야에 추격을 집중해야 합니다. 기술수명이 길다는 것은 그만큼 다른 후발 국가가 추격하기 어렵다는 것을 의미하기 때문입니다. 물론 그만큼 우리 기업 역시 선진메이커를 따라잡는 게 어려울 겁니다. 그렇지만 다행히 2000년대 이후 한국기업들은 기술수명이 긴 산업 분야를 중심으로 연구개발에 엄청난 노력을 기울이고 있습니다. 그 덕택에 소재·부품 분야의 경우 일본에 대한 의존도가 계속 낮아지는 추세입니다.

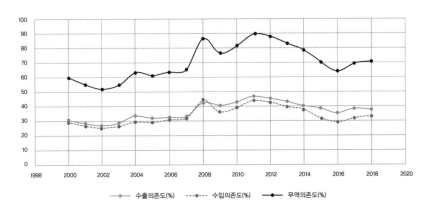

▌ 수출·수입 및 무역의존도(단위: 퍼센트) ⓒK-stat

셋째, 국내시장의 규모를 키우고 소득불평등을 해소해 나가야 합니다. 수출중심산업화전략에 따라 국내총생산에서 수출이 차지하는 비중을 나타내는 수출의존도가 너무 높습니다. 2017년 기준 37.5퍼센트인데, 주요 20개국

중 네덜란드 63.9퍼센트, 독일 39.4퍼센트에 이어 3위에 해당할 정도로 높습니다. 네덜란드와 독일이 국내시장이나 다름없는 거대한 유럽연합을 끼고 있고, 일본이 14.3퍼센트에 불과한 것을 생각하면 한국경제는 해외시장에 너무 크게 의존하는 셈입니다. 이로 인해 해외시장의 상황에 따라 우리 경제가 출렁일 수밖에 없는 현실입니다. 최근 한국의 주력산업이 고전하는 것은 세계 경제의 불황에 따라 수출이 제대로 안 되고 있기 때문인데, 국내시장 규모가 어느 정도는 되어야 해외시장이 어렵더라도 국내시장을 통해 불황을 헤쳐나갈 수 있습니다.

사례탐구 소득불평등과 무역전쟁

스웨덴 왕립과학원 노벨상위원회가 2019년 10월 14일 노벨경제학상 수상자를 발표하였습니다. 빈곤 문제를 연구한 아비지트 바네르지, 에스테르 뒤플로 부부와 마이클 크레이머까지 3명이 공동 수상의 영예를 누렸지요. 노벨상위원회는 세 명의 수상자가 "세계의 빈곤 문제를 해결할 수 있는 효율적인 방법을 제시했다"라고 설명하였습니다.

그중에서도 바네르지는 "미국과 같은 주요국에서 확산하는 소득불평등이 전 세계를 무역전쟁으로 이끌고 있다"라고 역설하였습니다. 수십 년 가까이 이어진 신자유주의로 인해 각국 내부의 소득불평등이 극심해지자, 주요국의 보수파가 무역분쟁 카드를 꺼내 들어 시선을 외부의 약소국으로 돌림으로써 국면 전환을 노렸다는 주장이지요. 보호무역에서 비롯된 오늘날 세계 경제의 위기를 극복하려면 소득불평등을 해소해야 한다고, 바네르지는 힘주어 말했습니다. 이는 우리나라 문재인 정부의 소득주도 성장과도 일맥상통합니다.

그런데 국내시장 규모를 키우기 위해 중요한 과제가 바로 소득불평등을 해소하는 것입니다. 경제를 성장시키는 이유가 국민 모두에게 그 혜택을 나누어 주는 데 있음을 고려하고, 국민 개개인의 소비 여력이 존재할 때 국내시장이 활성화될 수 있음을 생각하면, 소득불평등을 해소하는 것은 우리 사회가 당면한 가장 중요한 과제임이 틀림없습니다. 더욱이 소득불평등은 개인 간 소득을 둘러싼 사회적 위화감을 조성하여 사회적 안정을 크게 해칠 수 있습니다.

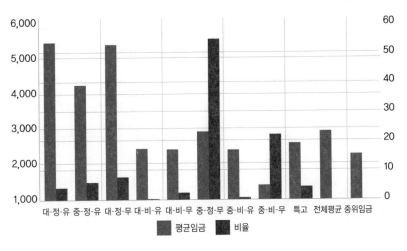

▌ 평균임금(단위: 천 원)과 비중(단위: 퍼센트) ⓒ정준호·남종석(2019)

그림을 보면 대규모사업체·정규직·유노조를 의미하는 대·정·유와 대규모사업체·정규직·무노조를 의미하는 대·정·무는 큰 임금을 받지만, 대규모사업체·비정규직·유노조를 의미하는 대·비·유와 대규모사업체·비정규직·무노조를 의미하는 대·비·무는 상대적으로 매우 작은 임금을 받고 있음을 알 수 있습니다. 더구나 대기업 비정규직은 중소사업체·정규직·유노조를 의미하는 중·정·유에 비해서도 매우 작음을 알 수 있습니다. 정규직이냐 비정규직이냐가 일차적으로 임금 수준의 차이를 크게 좌우하고, 대기업에 다니느냐 중소기업에 다니느냐에 따라 임금 격차가 다시 크게 발생한다는 것을 알 수 있습니다. 정부와 연구자들은 현재 이러한 차이를 극복하기 위한 다양한 방법을 모색하고 있습니다.

만약 한국기업들이 기술수명이 긴 분야에서 선진메이커를 추월하고, 기술 간 융합을 통해 새로운 제품을 만들어 내는 것은 물론 소득불평등을 해소하여 국내시장 규모를 키우는 데 성공한다면 우리나라는 다시 한번 더 큰 경제적 도약을 할 것입니다. 중국과 같은 국가의 추격을 따돌리고, 그동안 선진메이커가 오랫동안 경쟁력을 유지해온 분야에서 우리 기업 역시 오랫동안 경쟁력을 유지할 수 있을뿐더러, 세계시장의 변동을 어느 정도 흡수할 능력을 갖출 수 있게 될 테니까요.

용어 설명

개발도상국 산업의 근대화와 경제개발이 주요국에 견주어 뒤떨어진 나라. 제2차 세계대전 뒤에 독립한 아시아 · 아프리카 · 중남미의 여러 나라가 이에 속하며, 과거에는 후진국이라 불렀다.

법인 사람처럼 재산권과 같은 권리와 의무를 가질 수 있도록 법으로 인정된 기업.

사양산업 사회, 경제, 기술 혁신 따위의 형세 변화에 대응하지 못하고 쇠퇴하여 가는 산업

사유재산 개인 또는 사법인이 자유의사에 따라 관리 · 사용 · 처분할 수 있는 동산이나 부동산

자본재 생산 기계나 원자재 따위의 생산 수단

중진국 국민소득이나 사회 보장 제도, 경제 발전 따위의 면에서 주요국과 개발도상국의 중간에 속하는 나라.

파운드리 외부에서 제품 설계를 넘겨받아 반도체를 생산하는 일. 또는 그런 방식으로 생산하는 업체.

패러다임 어떤 한 시대 사람들의 견해나 사고를 근본적으로 규정하고 있는 테두리로서의 인식의 체계. 또는 사물에 대한 이론적인 틀이나 체계.

GDP 나라에서 일정 기간 생산된 최종 재화와 서비스 가치를 더한 것. 흔히 국내총생산이라고 부른다. 일정 기간이란 보통 1년을 가리키며, 외국기업이 생산한 것이라도 한국에서 생산되었다면 GDP에 포함되며, 한국기업이 생산하더라도 외국에서 생산된 것은 포함되지 않는다.

연표

1947년	미 군정이 조선재건5개년계획을 수립하였다.
1949년	이승만 정권이 산업부흥5개년계획을 만들었다.
1950년	한국전쟁이 발발하여 1953년까지 이어졌다.
1954년	이승만 정권이 경제부흥5개년계획을 구상하였다.
1957년	한국에 대한 미국의 원조가 급감하였다.
1960년	우리나라의 1인당 GDP가 156달러에 불과했다. 4·19혁명이 이승만 정권을 무너뜨려 장면 정권이 들어섰다.
1961년	장면 정권이 경제개발5개년계획을 세웠지만, 5·16군사정변으로 인해 실행하지 못했다.
1962년	박정희 정권이 제1차 경제개발계획을 시작했다. 화폐개혁을 단행했지만, 우리나라 경제에 혼란만 일으켰다.

1964년	박정희 정권이 공산품 수출을 확대하는 방향으로 경제개발계획을 수정했다. 환율을 현실화시키기 위해 대폭 인상하였고, 변동환율제를 도입했다. 베트남파병을 시작하여 미국으로부터 군사적·경제적 지원을 얻었다.
1965년	한일기본조약이 체결되어 한일 양국의 국교가 정상화되었다. 일본으로부터 8억 달러의 자금을 받아 경제개발에 사용했지만, 피해자 개개인에 대한 배·보상이 제대로 이루어지지 않아 논란이 여전하다.
1973년	수출산업의 주력을 경공업에서 중화학공업으로 전환하겠다고 발표하였다.
1974년	중화학공업 육성 정책에 따라 기업들이 창원국가산업단지에 입주하기 시작했다.
1989년	대외지향 개방경제를 추구하면 개발도상국의 경제가 발전할 수 있다는 연구결과(워싱턴 컨센서스)가 발표되어 논란을 일으켰다.

1996년	우리나라가 경제협력개발기구(OECD)에 가입하였다.
1997년	우리나라가 외환위기에 직면하여 IMF에 구제금융을 요청하였다. 비정규직 일자리가 급증하여 정규직 노동자와의 소득불평등이 심화하였다.
2008년	세계 금융위기가 발생하였다. 신규진입자는 이를 기회의 창으로 삼아 선진메이커를 추격하기도 했다.
2015년	중국이 제조업 기술경쟁력을 획기적으로 끌어올리려는 장기 프로젝트(중국제조2025)를 제시하였다.
2018년	우리나라의 1인당 GDP가 3만 달러를 넘어선 것으로 추정된다.

참고 자료

《발전국가론과 한국의 산업화》　　　　　　　강동훈(2011), 마르크스21, 11호, pp.134-173

《기술능력발전의 관점에서 본 한국 자동차산업의 성장구조》

　　　　　　　　　　　　　　　　　　　김견(1994), 사회경제평론, 7, pp.316-350

《미국의 일본 경제정책에 끼친 한국전쟁의 영향》김남균(1998), 미국사연구, 8, pp.249-284

《한국 대기업의 성공적인 성장요인 : 내·외부적 요인과 전략적 특성들》

　　　　　　　　　　　김양민·서정일(2014), 인사조직연구, 22권 1호, pp.95-143

《모방에서 혁신으로》　　　　　　　　　　김인수(2000), 시그마인사이트컴

《1960년대 한국 발전국가의 형성과정 : 수출지향형 지배연합과 발전국가의 물적 기

초의 형성을 중심으로》　　　　김일영(2000), 한국정치학회보, 33권 4호, pp.121-143

《이승만 정권의 산업정책과 렌트추구 그리고 경제발전》

　　　　　　　　　　　　　　김일영(2007), 세계정치, 28집 2호, pp.171-248

《베트남전쟁과 미국, 그리고 냉전체제》　　김정배(2011), 역사와경계, 80, pp.249-285

《일본 모델에서 한국적 혁신으로 : 1970년대 중화학공업화를 둘러싼 정책과정》

　　　　　　　　　　　　　　니시노 준야(2011), 세계정치, 14, pp.167-207

《포항제철 성장의 정치경제학 : 정부-기업관계, 연속논쟁, 지대추구》

　　　　　　　　　　　　　류상영(2001), 한국정치학회보, 35권 2호, pp.67-87

《한국의 경제개발과 1960년대 한일 경제관계 : 민간 경제외교를 중심으로》

　　　　　　　　　　　류상영(2003), 한국정치외교사논총, 24집 2호, pp.291-318

《박정희의 중화학공업과 방위산업정책 : 구조–행위자 모델에서 본 제약된 선택》

류상영(2011), 세계정치, 14, pp.135–167

《한국 종합제철 건설과 일본 : 1969년 전환의 사회경제적 배경》

박인구(2013), 47권, pp.505–534

《워싱턴 컨센서스 10계명》　　　　　　　박인규(2001), 프레시안, 2001.09.27.

《포항제철의 기술능력 발전과정에 관한 고찰》　　　송성수(2000), 과학기술정책연구소

《기술능력 발전의 시기별 특성: 포항제철 사례연구》

송성수(2002), 기술혁신연구, 10권 1호, pp.174–200

《포항제철 초창기의 기술습득》

송성수(2006), 한국과학사학회지, 28권 2호, pp.329–348

《추격에서 선도로 : 삼성 반도체의 기술발전 과정》

송성수(2008), 한국과학사학회지, 30권 2호, pp.517–544

《샌프란시스코 조약 뒤에 숨은 일본》　　　이관후(2019), 프레시안, 2019.7.26.

《중진국함정과 선진국전략》　　　　　　이근(2005), 시민과세계, 7, pp.161–186

《경제추격론의 재창조》　　　　　　　　　　　　이근(2014), 오래

《기업간 추격의 경제학》　　　　　　　　　이근 외(2008), 21세기북스

《국가의 추격, 추월, 추락》　　　　　　이근 외(2013), 서울대학교출판문화원

《산업의 추격, 추월, 추락》　　　　　　　이근 외(2014), 21세기북스

《한국전쟁기 미국의 대일정책 변화와 일본경찰예비대의 창설》

이상호(2016), 아세아연구, 59권 4호, pp.222–253

《1960년대 전반 개발 전략의 전환과 그것의 경제사적 배경》

이영훈(2012), 경제논집, 51권 1호, pp.107–123

《박정희와 한강의 기적》 이완범(2006), 선인

《한일 과거사 청산의 구조:"청구권 문제"와 "기본관계"의 타결과정을 중심으로》

이원덕(2002), 대구사학, 69권, pp.61-90

《한일국교정상화 연구 최종보고서》 이원덕 외(2014), 국민대학교 일본학연구소

《국가능력과 자본가 집단행위 : 박정희정권 하에서 중화학공업투자를 위한 제도변화》

이종찬(2003), 한국정치외교사논총, 25집 1호, pp.147-167

《경제학 들어가기 4판》 이준구·이창용(2019), 문우사

《한일회담과 청구권 문제의 해결방식 : 경제협력방식으로의 전환과정과 미국의 역할

을 중심으로》 이현진(2008), 동북아역사논총, 제22호, pp.73-97

《개발도상국기업의 기술창출단계 기술혁신 : 프로세스 기술개발 사례연구》

정기대(2009), 기술혁신학회지, 12권 1호, pp.237-264

《베트남전쟁 시기 미국 외교정책: 1954-1968》

장준갑(2018), 서양역사와 문화연구, 47집, pp.85-117

《근로자의 결합노동시장 지위가 임금분포에 미친 효과》

정준호·남종석(2019), 동향과전망, 106, pp.229-267

《추격의 완성과 탈추격 과제 : 현대자동차그룹 사례 분석》

조성재(2014), 동향과 전망, 91, pp.136-168

《발전국가의 제도와 국가능력 : 박정희 정권의 산업화전략과 외자도입정책을 중심으로》

조수현(2009), 한국정책연구, 9권2호, pp.161-188

《한일회담 과정에서의 미국의 역할》 조아라(2014), 일본비평, 10호, pp.270-307

《1950년대 한국의 환율제도와 환율정책》 최상오(2002), 한국경제연구, 9권, pp.145-182

《한국의 경제개발과 미국, 1948-1965 : 경제계획과 공업화정책을 중심으로》

최상오(2005), 미국학논집, 37권 3, pp.93-128

《제2공화국의 한일경제협조론과 청구권 문제》

Osamu Ota(2000), International Journal of Korean History, Vol.1, pp.191-221

김대중 "미안" 노무현 "마음 빚"…한국 대통령 세번째 '사과' 경향신문, 2018.3.23.일자 기사

미, 中푸젠진화반도체에 대한 수출금지조치…美·中 다시 격화되나

머니투데이, 2018.10.30.일자 기사

한일협정, 정부가 피해자 보상금 가로채 　　　　노컷뉴스, 2005.1.17.일자 기사

文, 베트남서 전쟁 사과는 없을 듯…"베트남서 요구 않는다"

노컷뉴스, 2018.3.23.일자 기사

현대·기아차, 올해 국내 판매량 '역대 최고' 　　　노컷뉴스, 2019.6.16.일자 기사

[이덕환의 과학세상] (121) 파이넥스 　　　　　디지털타임스, 2007.6.5.일자 기사

[미중 무역전쟁] 관세폭탄 빌미된 중국 '기술도둑질' 전모 매일경제, 2018.3.23.일자 기사

'외풍에 취약' 한국 무역의존도, 일본의 2.4배 　　매일경제, 2019.7.18.일자 기사

삼성, 이미지센서 '초격차'…모바일용 1억화소 첫 개발 매일경제, 2019.8.12.일자 기사

1974년·2007년 2차례 특별법 제정통해 보상 　　문화일보, 2019.7.11.일자 기사

한국 철강산업, 世界鐵鋼史를 다시 쓰다 　　　산업자원부, 2007.5.30.일자 보도자료

[창간특집] 철강업계 9대제품 ⑧ TMCP강 　　　스틸데일리, 2013.4.1.일자 기사

〈베트남전 美 개입 도화선 된 통킹만 사건 50돌〉 　연합뉴스, 2014.8.1.일자 기사

〈외교문서〉 "주한미군 철수 막아라"…전방위 외교전 　연합뉴스, 2014.3.26.일자 기사

미완의 한일협정 빛과 그림자 　　　　　　　연합뉴스, 2015.6.15.일자 기사

〈파리 기후협정〉 신기후체제 의미는…195개 선진·개도국 모두 참여

연합뉴스, 2015.12.13.일자 기사

FT "트럼프 행정명령, '중국 제조 2025' 계획 정조준"　　연합뉴스, 2018.3.23.일자 기사

한국 R&D 투자규모 세계 5위…GDP 대비로는 1위 수준　연합뉴스, 2018.11.27.일자 기사

작년 1인당 국민소득 3만달러 넘겼다　　　　　　연합뉴스, 2019.1.22.일자 기사

베트남전/3백만명 숨졌다/화학무기사용 2백만 불구　　중앙일보, 1994.6.24.일자 기사

[쇳물은 멈추지 않는다] 56. 종이 마패　　　　　중앙일보, 2004.10.21.일자 기사

[포스코 '불의 혁명' 5000일] "여기 사람들 다 미친 것 같다"

중앙일보, 2007.7.9.일자 기사

[자동차 기획]글로벌시장 강타한 현대기아차 돌풍　　중앙일보, 2011.11.1.일자 기사

강제징용 배상금 "국가가 대신 받아 지급" 盧 정부도 입장 유지

중앙일보, 2018.10.30.일자 기사

'파운드리 1위 목표' 삼성전자, 업계 최초 7나노 EUV 양산한다

중앙일보, 2019.4.16.일자 기사

"54년간 708조 적자…한국, 일본에 무역적자 아닌 적 없었다"

중앙일보, 2019.7.8.일자 기사

원가절감·친환경 동시에 해결 '꿈의 제철기술'　　　조선비즈, 2007.6.6.일자 기사

[비즈톡톡] 삼성·SK하이닉스, EUV에 천문학적 투자…"승부수 던졌다"

조선비즈, 2018.7.31.일자 기사

현대·기아차, 세계 전기차 판매 10위권 첫 진입…폴크스바겐 제쳐

조선비즈, 2019.2.10.일자 기사

미국이 정조준한 '중국 제조 2025'…도대체 무엇이길래　조선일보, 2018.7.18.일자 기사

"강제징용 보상은 1965년 청구권 협정에 포함" 노무현 정부 당시 민관 공동총서 결론

낸 사안   조선일보, 2019.7.17.일자 기사

철강용어 : 1.일관제철소   철강금속신문, 2019.6.12.일자 기사

현대·기아차, 글로벌 판매 5위 지켜   한국경제신문, 2019.2.8.일자 기사

미국, 중국 반도체 기업에 부품 등 수출금지   한국일보, 2018.8.30.일자 기사

"일본에 물질 배상 포기하고 사과만 요구해 도덕적 우위 확보하자"

                                           한국일보, 2019.8.17.일자 기사

베트남에 파병하지 않았다면   한겨레21(2010), 제801호.

한일협정 문서공개 의미와 파장   한겨레신문, 2005.1.17.일자 기사

한일회담 문서공개심사반 일문일답   한겨레신문, 2005.8.26.일자 기사

1964년 8월4일, 북베트남 어뢰 공격은 없었다   한겨레신문, 2014.8.8.일자 기사

GM 전기차 '볼트'는 사실상 LG차?   한겨레신문, 2017.8.6.일자 기사

'일제 강제징용 피해자에 1억씩 배상' 판결 확정   한겨레신문, 2018.10.30.일자 기사

세계 반도체 순위 … 삼성 1위 굳히고 SK하이닉스 3위로 오른다

                                         한겨레신문, 2018.11.13.일자 기사

[쉽게 배우는 철강용어] 선재(Wire rod)   EBN, 2011.8.21.일자 기사

[쉽게 배우는 철강용어] 열연강판   EBN, 2011.10.2.일자 기사

[쉽게 배우는 철강용어] 전로(Converter)   EBN, 2013.6.8.일자 기사

한국의 자동차기술 첫걸음에서 비상까지   GLOBAL AUOT NEWS, 2012.7.5.일자 기사

제네시스, 이제는 독일차와 나란히   HMG JOURNAL, 2018.12.7.일자 기사

새로운 미래를 위한 토대, 현대·기아차의 3세대 플랫폼

                                   HMG JOURNAL,2019.3.13.일자 기사

[취재후] "강제동원 피해배상 끝" 주장 왜 계속되나…팩트체크 그 후

KBS NEWS, 2019.7.21.일자 뉴스

포스코, 세계 철강 역사 새로 쓰다 POSCO 홍보팀, 2008.5.30.일자 해설자료

포스코, 7년 만에 영업이익 5조원대 복귀 POSCO NEWSROOM, 2019.1.30.일자 기사

[용광로 해부학] ③ Fe의 여행 I am a butter'Fe'ly

POSCO NEWSROOM, 2019.6.9.일자 기사

[용광로 해부학] ① 제철소의 심장 용광로, 어디까지 봤니?

POSCO NEWSROOM, 2019.6.13.일자 기사

포스코, '세계에서 가장 경쟁력 있는 철강사' 10년 연속 1위 선정

POSCO NEWSROOM, 2019.6.19.일자 기사

2018년 전기차 판매 1위는 '테슬라 모델3' TECH WORLD, 2019.2.18.일자 기사

더 알아보기

국가 통계 포털

http://kosis.kr

국내 · 국제 · 북한의 주요 통계를 한 곳에 모아 이용자가 원하는 통계를 한 번에 찾을 수 있도록 통계청이 제공하는 One-Stop 통계 서비스. 현재 300여 개 기관이 작성하는 경제 · 사회 · 환경에 관한 1,000여 종의 국가승인통계를 수록하고 있으며, 국제금융 · 경제에 관한 IMF, Worldbank, OECD 등의 최신 통계도 제공하고 있다.

대통령기록관

http://pa.go.kr

행정안전부 국가기록원 산하의 기관. 대통령기록물의 수집 · 생산기관 지원, 관리 · 기술 체계 구축, 보존 · 복원 인프라 구축, 국민 친화적 서비스 체계 확립을 지향한다. 대통령기록연구실을 통해 대한민국 역대 정부의 경제정책을 살펴볼 수 있다.

동북아역사넷

http://contents.nahf.or.kr

동북아시아 역사문제에 대한 장기적 · 지속적 · 종합적 연구 및 정책을 개발하는 동북아역사재단에서 구축하여 운영하는 역사자료 웹검색 시스템. 구축된 데이터베이스를 통해 한일협정 관련 외교문서를 비롯한 역사 이슈를 확인할 수 있다.

포항산업과학연구원

http://www.rist.re.kr

1987년 포스코가 전액 출연하여 설립한 실용화 전문연구기관. 에너지 및 환경 관련 연구에 집중하고 있고, 미래산업의 주축이 될 소재기술을 개발하고 있다.

한국전자통신연구원

http://www.etri.re.kr

국가의 신가치 창출, 산업경쟁력 강화, 신시장 개척 등의 국력신장에 이바지하기 위하여 설립된 기관. 이를 위해 정보통신을 포함한 광범위한 디지털 혁신기술을 연구개발한다.

찾아보기

내인생의책 은 한 권의 책을 만들 때마다
우리 아이들이 나중에 자라 이 책이 '내 인생의 책'이라고 말할 수 있는 책을 만들고자 합니다.

세상에 대하여 우리가 더 잘 알아야 할 교양

⑰ 한강의 기적 다시 올까?

송영조 지음

초판 인쇄일 2019년 11월 12일 | 초판 발행일 2019년 11월 26일
펴낸이 조기룡 | 펴낸곳 내인생의책 | 등록번호 제10-2315호
주소 서울시 성동구 연무장5가길 7 현대테라스타워 E동 1403호
전화 02) 335-0449, 335-0445(편집) | 팩스 02) 6499-1165
편집 백재운 | 디자인 김은희 | 마케팅 한하람

ISBN 979-11-5723-565-0 (44300)
       979-11-5723-416-5 (세트)

이 도서의 국립중앙도서관 출판예정도서목록(CIP)은 서지정보유통지원시스템 홈페이지(http://seoji.nl.go.kr)와
국가자료종합목록 구축시스템(http://kolis-net.nl.go.kr)에서 이용하실 수 있습니다. (CIP제어번호 : CIP2019040713)

내인생의책에서는 참신한 발상, 따뜻한 시선을 가진 원고를 기다리고 있습니다.
원고는 나무의 목숨값에 해당하는 가치를 지녔으면 합니다.
원고는 내인생의책 전자우편이나 홈페이지를 이용해 보내 주세요.

전자 우편 bookinmylife@naver.com | **홈페이지** http://bookinmylife.com

어린이제품 안전 특별법에 의한 제품 표시
제조자명 내인생의책 | **제조 연월** 2019년 11월 | **제조국** 대한민국 | **사용연령** 5세 이상 어린이 제품
주소 및 연락처 서울시 성동구 연무장5가길 7 현대테라스타워 E동 1403호 02) 335-0449 | **담당 편집자** 백재운